PETEF

«Ich bleibe

PETER SELG

«Ich bleibe bei Ihnen.»

Rudolf Steiner und Ita Wegman

München, Pfingsten 1907
Dornach, 1923–1925

VERLAG FREIES GEISTESLEBEN

Herausgegeben von dem

Ita Wegman Institut für anthroposophische
Grundlagenforschung
CH – 4144 Arlesheim

und der

Medizinischen Sektion am Goetheanum
Freie Hochschule für Geisteswissenschaft
CH-4143 Dornach

1. Auflage 2007

Verlag Freies Geistesleben
Landhausstraße 82, 70190 Stuttgart
Internet: www.geistesleben.com

ISBN 978-3-7725-1943-7

Einbandgestaltung: Thomas Neuerer
unter Verwendung einer Zeichnung von Rudolf Steiner
Druck: Clausen & Bosse, Leck

Inhalt

Rudolf Steiner empfing mich ernst, sein Blick war fragend. Es wurde nicht viel gesprochen zwischen uns, wir verstanden uns sehr gut. Ich sagte einfach, weil ich fühlte, dass er von den Dingen wusste: «Ich bleibe bei Ihnen.»

Dann wurde sein Blick strahlend, er nahm meine Hand, gab mir das Michael Zeichen und sagte wichtige Dinge zu mir, die ich nicht wiederholen darf. Ein uraltes Karma, das zwischen ihm und mir bestand, wurde erneut.

Ita Wegman[1]

Vorwort

> Ich war alt geworden, als Du mich damals vor Zeiten verließest; dieses Alter überkam mich gerade so stark, in dem Zeitpunkte, während des Münchener Kongresses, den du erwähnst. Man bemerkte dies äußerlich nicht. Ich erschien regsam, sogar vielen vielleicht betriebsam. Ich gab mich eben immer der geistigen Welt hin, und dies ließ die Müdigkeit nach außen nicht auftreten. Aber es war schon Müdigkeit gegenüber allem, nur nicht der geistig-anthroposophischen Strömung gegenüber. Diese Müdigkeit war das karmische Abbild meines Alterns, nachdem Du von mir gegangen warst. Und jetzt warst Du im Auditorium.
>
> *Rudolf Steiner an Ita Wegman*, 11.6.1924[2]

«Gerne würde man wissen, wie Rudolf Steiner selbst diese Zeit [des Münchner Kongresses] erlebt hat. Leider liegen keine direkten Zeugnisse vor» – so schrieb Christoph Lindenberg 1997 in seiner Rudolf Steiner-Biographie.[3] Sieben Jahre zuvor jedoch hatte Emanuel Zeylmans van Emmichoven im ersten Band seiner Wegman-Studien (*Wer war Ita Wegman. Eine Dokumentation*) erstmals Rudolf Steiners Koberwitzer Brief vom 11. Juni 1924 in Faksimile und Transkription veröffentlicht, ein Brief, in dem Rudolf Steiner – in Beantwortung einer nicht mehr erhaltenen Pfingstnachricht Ita Wegmans – auf seine innere Situation Ende Mai 1907, zur Zeit des Münchner Kongresses, zurückblickte. Dieses Dokument fand bei Christoph Lindenberg keine Berücksichtigung.

Über die Gründe dieser fehlenden Thematisierung zu spekulieren ist wenig weiterführend, zumal Christoph Lindenberg nach verdienstvollen Arbeiten an der Biographieschreibung Rudolf Steiners am 20.4.1999 in Zarten verstarb. Notwendig aber scheint es zu sein, 100 Jahre nach dem Münchner Kongress und im Anschluss an Emanuel Zeylmans van Emmichoven die Aufmerksamkeit noch einmal auf den Kontext des Koberwitzer Briefes und damit auf eines der bedeutendsten und bemerkenswertesten Selbstzeugnisse Rudolf Steiners zu richten.

Die Begegnung Rudolf Steiners mit Ita Wegman zur Pfingstzeit 1907 in München, im Umraum des Münchner Kongresses und der von Steiner durchgeführten Trennung seiner Esoterischen Schule von derjenigen Annie Besants, war von wegweisendem Charakter für den Werdegang der Anthroposophie im 20. Jahrhundert. Obwohl Ita Wegmans frühe Entscheidung für Rudolf Steiner (*«Mein Entschluss, ganz mit Rudolf Steiner zu gehen»*[4]) von ihr erst sehr viel später, nach dem Brand des Goetheanum, ganz ergriffen und umgesetzt werden konnte, führt ein direkter Weg von den damaligen Münchner Ereignissen zur Weihnachtstagung des Jahres 1923/24 – zur Dornacher Hochschulgründung, den Karmakursen und der Einrichtung der esoterischen «Michael-Schule», ein Weg, dessen Begleitung durch Ita Wegman von unersetzbarem Wert für Rudolf Steiner war.[5] Wie sein Briefzeugnis vom 11.6.1924 in durchaus überraschender Weise erkennen lässt, wartete Rudolf Steiner bereits 1907 in gewisser Hinsicht auf Wegman; sehr viel später konnte er dann mit ihrer absoluten Unterstützung Entwicklungen in die Wege leiten, die mit einer Erneuerung der Mysterien im Geist des michaelischen Christentums und den spirituellen Intentionen der Rosenkreuzerströmung verbunden waren und sind. Dass Rudolf Steiner als Initiat in dieser Weise überhaupt auf die Mithilfe von Menschen seiner Umgebung angewiesen war – von Menschen, deren Bewusstsein den von Steiner bewegten Inhalten und Intentionen nur sehr bedingt entsprach – mag auf den ersten Blick überraschen; die geschichtlichen Zeugnisse aber sprechen eine diesbezüglich eindeutige Sprache und weisen auf soziale Vorgänge und Voraussetzungen hin, die ganz offensichtlich zur Zukunft der modernen Initiationswissenschaft (und Zivilisation) gehören. Rudolf Steiner wartete auf Menschen – auf ihr Erwachen und ihren selbstlos-erkennenden Einsatz, um gemeinsam mit ihnen arbeiten zu können. Von einer dieser Beziehungen handelt die vorliegende Schrift.

Rudolf Steiners Beziehung und Zusammenarbeit mit Ita Wegman hat eine besondere und einzigartige Qualität, allerdings nicht in hierarchischem Sinne[6]. Rudolf Steiners beispielhaftes Zusammenwirken mit Marie Steiner-von Sivers und Edith Maryon – oder, auf anderer Ebene, mit Christian Morgenstern – weist ebenfalls eine singuläre Spiritualität und eine je besondere Schicksalsgestalt vor, der es im Sinne eines Gesamtbildes gerecht zu werden gilt. Die nachfolgenden Seiten sollten – in ihrer ausschließlichen Zentrierung auf die Begegnung mit Ita Wegman – daher nicht als rivalisierende Abgrenzung oder gar «Verherrlichung» einer einzelnen Mitarbeiterin Rudolf Steiners verstanden, sondern als das gelesen werden, was sie sind – als das Zeugnis eines spezifischen Innenraums und einer klar konturierten Lebens- und Aufgabensituation, die in diesem Innenraum zum Vorschein kam und geschichtlich wirksam werden konnte. Viel Kraft und menschliche Energie wurde innerhalb der anthroposophischen Bewegung in den vergangenen Jahrzehnten in Richtungskämpfen einzelner «Strömungen» verzehrt, die eine je eigene Priorität für sich in Anspruch nahmen. Die Wertschätzung der einzelnen Individualitäten, die Rudolf Steiner jeweils teuer und in der Verwirklichung der Anthroposophie unverzichtbar waren, ging in diesen Kämpfen in dramatischer Weise verloren. Nichts war weniger im Sinne Rudolf Steiners als ein solches Vorgehen – *«Mit jedem Vorstandsmitglied sollte ein Strom von Menschenseelen in die neue Mysterienstätte geführt werden. Jedes Vorstandsmitglied hat ein Karma mit vielen Menschen. Es war lebendige, praktische Esoterik gemäß den Forderungen der Zeit, die da von Rudolf Steiner angefangen wurde. Leider konnte diese Esoterik von den Menschen nicht verstanden werden.»* (Ita Wegman[7]). – Dass die Vehemenz der geführten Auseinandersetzungen indirekt auch Rudolf Steiner traf, betraf und betrifft, ist dabei nachgerade offensichtlich, darunter auch die selten klar ausgesprochene und doch von vielen Menschen (in zum Teil qualvoller Weise) bewegte Frage, wie Rudolf Steiner diese so verschiedenen Lebens- und Arbeits-Beziehungen – in ihrer je eigenen Intensität und Absolutheit – zu leben verstand. So verständlich diese Frage in psychologischer Hinsicht ist, so sehr verkennt sie meines Erachtens, dass Rudolf Steiners innere Biographie nicht mit üblichen Maßstäben gemessen werden kann, sondern sich im initiierten Bewusstseinsraum eines höheren – und anderen – Wissens (und erkennenden Verhaltens) vollzog. Die Ahnung dieser Tatsache, die in vielen Menschen der anthroposophischen Bewegung lebt, ließ sie vor einer entsprechenden Auseinandersetzung mit Rudolf Steiner in dieser Hinsicht zurückschrecken – ihr weiterbestehendes Unverständnis oder ihre Ablehnung seiner differenten Beziehungs- und Arbeitsformen aber richtete sich dann zumeist auf diejenigen Persönlichkeiten, mit denen Rudolf Steiner (abgesehen von der eigenen Leit-Gestalt) in intensiver Weise zu tun hatte und deren Bedeutung für Steiners Leben und Werk notwendig nivelliert oder relativiert werden musste. – Dass ein solches Vorgehen nicht nur wenig konstruktiv, sondern potentiell zerstörerisch ist, liegt auf der Hand. Sinnvoll und aussichtsreich erscheint dagegen, sich die einzelnen, in der Lebens- und Arbeitsgeschichte Rudolf Steiners aufgetretenen Schicksalskonstellationen und -aufgaben als solche zu vergegenwärtigen – und sich anfänglich zu bemühen, ihrer je besonderen Konfiguration gerecht zu werden.[8]

Von diesen, hier nur knapp skizzierbaren Voraussetzungen ausgehend wenden sich die nachfolgenden Seiten der Begegnungsgestalt Rudolf Steiners und Ita Wegmans und ihrer Bedeutung für die Dornacher Hochschule zu – in Fortführung der wegweisenden Studien von Emanuel Zeylmans van Emmichoven und mit Einbezug der grundlegenden Arbeiten, die in den letzten zweieinhalb Jahrzehnten von Sergej O. Prokofieff für ein ideelles Gesamtverständnis des Weihnachtstagungs- und damit Hochschul-Geschehens geleistet wurden. Anhand der nachfolgend gewählten, biographienahen Betrachtungsweise gewinnen die damaligen und weiter wirksamen Ereignisse meiner Auffassung nach an Plastizität – und werden als das sicht- und (nach-)erlebbar, was sie in irdischer Perspektive gewesen sind: konkrete Innen-Erfahrungen von Menschenseelen.[9]

Mein Dank gilt Florian Roder und den Freunden aus dem Arbeitszentrum München der Anthroposophischen Gesellschaft in Deutschland, die um einen entsprechenden Beitrag über Rudolf Steiner und Ita Wegman anlässlich der 100 Jahr-Feier des Münchner Kongresses baten – und so den Anlass zur mündlichen Darstellung (am 25.5.2007) und schriftlichen Niederlegung gaben. Ebenfalls danke ich Jean-Claude Lin für seine Bereitschaft, die Studie kurzfristig in das Programm des Stuttgarter Verlags Freies Geistesleben aufzunehmen und ihr Erscheinen zur Jahreskonferenz der Medizinischen Sektion am Goetheanum zu ermöglichen.

Arlesheim, im Juni 2007 *Peter Selg*

I. *«Es kann ein furchtbarer Kampf werden»*

Rudolf Steiner, der Münchner Kongress und die geistige Situation der Theosophischen Gesellschaft

> Die östlichen Initiationen müssen notwendig das *Christusprinzip* als zentralen *kosmischen* Faktor der Evolution unberührt lassen. Ohne dieses Prinzip müsste aber die theosophische Bewegung ohne bestimmende Wirkung auf die westlichen Kulturen bleiben, die an ihrem Ausgangspunkte das Christusleben haben. Die Offenbarungen der orientalischen Initiation müssten für sich selbst im Westen sich wie eine Sektiererei *neben* die lebendige Kultur hinstellen. Eine Hoffnung auf Erfolg in der Evolution könnten sie nur haben, wenn sie das Christusprinzip aus der westlichen Kultur vertilgten. Dies wäre aber identisch mit dem Auslöschen des eigentlichen *Sinnes der Erde,* der in der Erkenntnis und Realisierung der Intentionen des *lebendigen Christus* liegt. [Diese] zu enthüllen in voller Weisheits-, Schönheit- und Tatform ist aber das tiefste Ziel des Rosenkreuzertums.
>
> *Rudolf Steiner. Barr, September 1907* (262, 26)

Am 5. April 1925, eine Woche nach seinem Tod, erschien in der Dornacher Wochenschrift *Das Goetheanum* eine weitere Folge von Rudolf Steiners Lebenserinnerungen, an denen er noch in der letzten Märzwoche geschrieben hatte. Steiners Darstellungen endeten mit einer Schilderung des Münchner Kongresses der «Föderation Europäischer Sektionen» der Theosophischen Gesellschaft, den er selbst (als Generalsekretär der deutschen Sektion) zu Pfingsten 1907 ausgerichtet hatte – mit dieser Darstellung brach seine Autobiographie unwiderruflich ab.

Rudolf Steiner schilderte in seinem letzten *Goetheanum*-Beitrag, dass die theosophische Arbeit in München – im Unterschied zu Berlin – von Anfang an eine künstlerische Betonung vorgewiesen hatte, durch die Atmosphäre der Stadt, mehr aber noch durch die leitenden Persönlichkeiten um Sophie Stinde und Pauline von Kalckreuth (die beide Malerinnen waren). Die *«Art des Münchner Wirkens»*, der absolute Willenseinsatz und die unbedingte Treue von Stinde/Kalckreuth habe, so Rudolf Steiner, den Kongress zu Pfingsten 1907 ermöglicht. Über diesen selbst – in seiner Eigenart und im Verhältnis zu früheren theosophischen Kongressen – schrieb Rudolf Steiner:

> [Die] Kongresse [der Theosophischen Gesellschaft], die vorher in London, Amsterdam, Paris abgehalten wurden, enthielten Veranstaltungen, die theosophische Probleme in Vorträgen oder Diskussionen behandelten. Sie waren den gelehrten Kongressen nachgebildet. Auch die administrativen Fragen der Theosophischen Gesellschaft wurden behandelt.
>
> An alledem wurde in München manches modifiziert. Den großen Konzertsaal, der für die Tagung dienen sollte, ließen wir – die Veranstalter – mit einer Innendekoration versehen, die in Form und Farbe künstlerisch die Stimmung wiedergeben sollte, die im Inhalt des mündlich Verhandelten herrschte. Künstlerische Umgebung und spirituelle Betätigung im Raume sollten eine harmonische Einheit sein. Ich legte dabei den allergrößten Wert darauf, die abstrakte, unkünstlerische Symbolik zu vermeiden und die künstlerische Empfindung sprechen zu lassen.
>
> In das Programm des Kongresses wurde eine künstlerische Darbietung eingefügt. Marie von Sivers hatte Schurés Rekonstruktion des eleusinischen Dramas schon vor langer Zeit übersetzt. Ich richtete es sprachlich für eine Aufführung ein. Dieses Drama fügten wir dem Programm ein. Eine Anknüpfung an das alte Mysterienwesen, wenn auch in noch so schwacher Form, war damit gegeben – aber, was die Hauptsache war, der Kongress hatte Künstlerisches in sich. Künstlerisches, das auf den Willen hinwies, das spirituelle Leben fortan nicht ohne das Künstlerische in der Gesellschaft zu lassen. Marie von Sivers, welche die Rolle der Demeter übernommen hatte, wies in

> ihrer Darstellung schon deutlich auf die Nuancen hin, die das Dramatische in der Gesellschaft erlangen sollte. – Außerdem waren wir in einem Zeitpunkt, in dem die deklamatorische und rezitatorische Kunst durch Marie von Sivers in dem Herausarbeiten aus der inneren Kraft des Wortes an dem entscheidenden Punkte angekommen war, von dem aus auf diesem Gebiete fruchtbar weitergegangen werden konnte.
>
> Ein großer Teil der alten Mitglieder der Theosophischen Gesellschaft aus England, Frankreich, namentlich aus Holland waren innerlich unzufrieden mit den Erneuerungen, die ihnen mit dem Münchner Kongress gebracht worden sind. – Was gut gewesen wäre, zu verstehen, was aber damals von den wenigsten ins Auge gefasst wurde, war, dass mit der anthroposophischen Strömung etwas von einer ganz andern inneren Haltung gegeben war, als sie die bisherige Theosophische Gesellschaft hatte. In dieser inneren Haltung lag der *wahre Grund,* warum die anthroposophische Gesellschaft nicht *als ein Teil* der theosophischen weiterbestehen konnte. Die meisten legten aber den Hauptwert auf die Absurditäten, die im Laufe der Zeit in der Theosophischen Gesellschaft sich herausgebildet haben und die zu endlosen Zänkereien geführt haben. (28, 464f.)

In London war 1905 beschlossen worden, die theosophischen Kongresse der beiden nachfolgenden Jahre in Frankreich und Deutschland abzuhalten. Damit war für Rudolf Steiner die Möglichkeit entstanden, einen spezifischen Weg der Gestaltung der von ihm selbst verantworteten Zusammenkunft einzuschlagen. Marie von Sivers hatte Edouard Schuré bereits im September 1906 um die Aufführungsrechte seines «Heiligen Dramas von Eleusis» für den deutschen Kongress gebeten, der ein dreiviertel Jahr später stattfinden sollte[10] – Im Oktober 1906 hatte Rudolf Steiner dann auf einer Generalversammlung der deutschen Sektion auf eine entsprechende Nachfrage laut Protokoll gesagt: *«Aufgabe des deutschen Kongresses soll sein, alles in innigen Einklang zu bringen miteinander, so dass Kunstwerke, Musik und Rede stimmungsvoll mit dem übrigen Arrangement zusammenwirken und klingen – in seiner gedachten Wirkung dahin strebend, an die alten Mysterien zu erinnern. Hierzu sei auch die Aufführung eines Mysteriums geplant. Wieweit dies alles sich verwirklichen lassen wird, ist natürlich von den Umständen abhängig.»*[11]

Tatsächlich konnten die künstlerisch-spirituellen Intentionen Rudolf

Steiners[12] erst in den letzten Wochen und Tagen vor Anbruch des Münchner Kongresses anfänglich zur Verwirklichung kommen – als ein soziales Werk der Gemeinschaft[13], in den komplizierten und hochdynamischen Proben und Aufführungsumständen des «Heiligen Dramas von Eleusis»[14] (als einer *«bühnenmäßigen Darstellung mit Mysteriencharakter»*[15]), aber auch in der Gestaltung des Saales, den Rudolf Steiner kurz vor Beginn der Tagung mit rotem Stoff ausschlagen[16] und zur Nachbildung eines rosenkreuzerischen «Tempels» werden ließ[17] – unter anderem mit sieben apokalyptischen Siegeln und Säulen «in Rosenkreuzerart» (284, 72). Rudolf Steiner wusste um die begrenzten künstlerischen[18], technischen, und finanziellen[19] Möglichkeiten, die ihm in München zur Verfügung standen, auch um die Schwächen des Schuréschen Stückes[20], das er als Versuch einer Nachbildung des eleusinischen «Urdramas» gleichwohl gelten ließ[21] und mit einigen Modifikationen versah. Trotz allen Hindernissen hatte sich Rudolf Steiner entschieden, die Münchner Initiative zur Erneuerung der Mysterien im rosenkreuzerischen Sinne durchzuführen – *«der Schöpfung neuen Anfang / Des Morgens junge Macht»* (40, 97)[22] . Über seinen Eindruck des Kongress-Raumes schrieb ein junger Besucher:

> Der sogenannte Kaim-Saal [...] war ganz mit hochrotem Tuch ausgekleidet. Auch die Decke war rot verkleidet. Die großen Emporen waren verhängt. So entstand ein rechteckiger Raum mit ziemlich breitem Grundriss, ohne Fenster, ein reiner Innenraum. – Die toten Stoffwände waren ganz glatt. Nur in der Stirnwand war ein schlicht rechteckiger, wenig tiefer Bühnenraum ausgespart, dessen Boden reichlich einen Meter höher lag als der Boden des Saales. Dort oben stand für die Kongressleitung ein langer Tisch, der ebenfalls rot verhängt war und mit den Tierkreiszeichen geschmückt. Daneben etwas nach vorn gerückt stand der Rednerpult. – Über der Bühnenöffnung hing ein Bild des Münchner Malers Hass: «Die große Babylon.» Unter ihr standen auf Postamenten die Büsten der großen deutschen Idealisten Fichte, Schelling und Hegel und links und rechts von ihnen zwei Säulen, eine rote mit I, eine blaue mit B geschmückt und mit den Sprüchen beschrieben: **I** *Im reinen Gedanken findest du / Das Selbst, das sich halten kann. / Wandelst zum Bilde du den Gedanken, / Erlebst du die schaffende Weisheit.* **B** *Verdichtest du das Gefühl zum Licht, / Offenbarst du die formende Kraft. / Verdinglichst du den Willen zum Wesen, / So schaffest du im Weltensein.* – Die beiden Säulenwände

Der Münchner Kongress, Pfingsten 1907

und die Rückwand waren durch sieben Säulen von etwa zweieinhalb Meter Höhe geschmückt, die ganz einfach auf große Bretter gemalt waren. Sie zeigten über einem glatten, runden Schaft ohne Sockel als Kapitäl die Motive der späteren Goetheanum-Säulen. Die Planetenzeichen waren auf ihnen angebracht. In den Zwischenräumen der Säulen waren die sieben apokalyptischen Siegel angebracht. Beides, Säulen und Siegel, waren von der Stuttgarter Malerin Clara Rettich nach Rudolf Steiners Skizzen gemalt. Sonst zeigte der Raum, soweit ich mich erinnere, keinen Schmuck, Säulen und Siegel empfand man, trotz ihrer künstlerischen Anspruchslosigkeit, als machtvolle Hindeutungen auf umfassendes übersinnliches Wesenserleben. Das freie Dastehen der Säulenbilder ohne Gebälk und Decke mit den zwischen ihnen auf der roten Wand hängenden Bildern wurde zur Forderung, sich einen gebauten Raum hinzuzudenken, in den die Säulen als tragende Elemente eingegliedert wären und die Siegel als *Bilder* den Blick in ein unräumlich-geistiges Leben lenkten. – Das Rot der

Wände und der Decke wurde zur alles Gegenständliche überstrahlenden und in ihren leichten Dämmer hüllenden Raumfarbe und gab dem so geschaffenen Raume eine unerhörte Feierlichkeit. Sie nahm die Seelen der Anwesenden auf und sprach zu ihnen aus dem gleichen Geiste, aus dem die Worte der Geisteswissenschaft tönten.[23]

*

Seinen Hauptvortrag auf dem Kongress hielt Rudolf Steiner am Pfingstsonntag, zur Mittagszeit, nach der Morgendarstellung von Annie Besant («The Place of Phenomena in the Theosophical Society») und vor der nachmittäglichen Uraufführung des «Heiligen Dramas von Eleusis». Steiner sprach über die «Einweihung des Rosenkreuzers» – über die rosenkreuzerische Initiation als Weg der «modernen», aus der «Notwendigkeit der Zeit herausgeborenen» Schulung und über ihre Zukunftsbedeutung für die Spiritualisierung der modernen Zivilisation («Sie [die rosenkeuzerische Einweihung] lehrt den Geist in der Materie begreifen, indem der Mensch den Zusammenhang selbst des Materiellsten noch mit dem Spirituellen erkennt, so dass er das Spirituelle ausfließen lassen kann in das Materielle.» 284, 48). Rudolf Steiner charakterisierte die Rosenkreuzerinitiation als «Fortentwickelung der christlichen Einweihung» (284, 48), die nicht mehr des sozialen Rückzugs bedürfe,[24] und unterschied sie von der (gefühlszentrierten) christlich-gnostischen Schulung, aber auch vom asiatischen Yoga-Weg. Während der christlich-gnostische Pfad von Rudolf Steiner in historischer Perspektive positiv gewürdigt und als – ausstrahlend kulturwirksame – Spiritualität der Klöster beschrieben wurde («es war die christliche Initiation auch die Grundlage und Quelle des äußeren christlichen Lebens.» 284, 47), ging Steiner auf den östlichen Yoga-Weg – trotz der Anwesenheit Annie Besants, die das Ehrenpräsidium des Kongresses inne hatte – in keiner Weise ein, und sagte lediglich: *«Den Yogaweg kennen Sie alle aus der Literatur.»* (284, 46) – Auch in seinem zweiten Kongressbeitrag vom Pfingstmontag über «Planetenentwickelung und Menschheitsentwickelung» sprach Steiner dezidiert über die Mikro-Makrokosmos-Erkenntnis «im Sinne der *rosenkreuzerischen* spirituellen Weltenströmung» (284, 53; Hervorhebung d.V.) – und mit ausschließlichem Hinweis auf Repräsentanten des mitteleuropäischen Geisteslebens.[25] Die Büsten Fichtes, Schellings und Hegels (letztere aus seinem Privatbesitz) hatte Rudolf Steiner an prominenter Stelle des Raumes – vor der Bühne – positionieren lassen.

Programmheft des Münchner Kongresses, nach einem Entwurf Rudolf Steiners

Nicht erst Rudolf Steiners eigene Kongressvorträge, sondern bereits die von ihm veranlasste Gestaltung der Eintrittskarten mit den Initialen der drei Rosenkreuzersprüche sowie die gesamte Anordnung des Kaim-Saales im Sinne des *«wahren Rosenkreuzertempels»* (284, 39) brachten zum Vorschein, dass Rudolf Steiner den Münchner Pfingstkongress in einen spezifischen Geistesstrom stellte, der mit der Individualität von Christian Rosenkreutz als einem «Meister» des esoterischen Christentums verbunden war. Unmittelbar nach dem Kongressende, am Abreisetag vieler Besucher, begann Rudolf Steiner in München dann eine Folge von vierzehn Vorträgen unter dem Titel *Theosophie des Rosenkreuzers*, die von immerhin 200 der ursprünglich 600 Kongressteilnehmer besucht und als thematische Fortsetzung der Pfingsttage erlebt wurde.

In diesem – nur unzulänglich mitstenographierten – Kurs entfaltete Rudolf Steiner die geisteswissenschaftliche Anthropologie und Kosmologie aus dem Geist des Rosenkreuzertums; er sprach von der Wesenheit des Menschen auf Erden und im Leben zwischen Tod und neuer Geburt, über das menschliche Schicksalsgesetz und karmische Zusammenhänge, sodann über die Entwicklung der Erde im Kosmos im Sinne der planetarischen Evolution, die auch im Kaim-Saal künstlerisch dargestellt worden war – letztlich über die Geheimnisse und Beziehungen von Mikro- und Makrokosmos. Rudolf Steiner beschloss den gesamten Kurs mit einer Schilderung des rosenkreuzerischen Schulungs- und Einweihungsweges. – Seine kurseröffnende Darstellung vom 22. Mai hatte dagegen von Christian Rosenkreutz, seinem Leben und der Geschichte seiner Geistesströmung ihren Ausgangspunkt genommen. Drei Jahre vor der Münchner Inszenierung seines ersten, mit Goethes «Märchen» verbundenen Mysteriendramas *Die Pforte der Einweihung* («Ein Rosenkreuzermysterium») sprach Rudolf Steiner am 22. Mai 1907 von Goethes Beziehungen zum Rosenkreuzertum, wie sie in dem Gedicht «Die Geheimnisse», aber auch im «Märchen» zum Ausdruck kommen würden: «Dies Gedicht [*Die Geheimnisse*] ist aufzufassen als eine der tiefsten Quellen der Seele Goethes, es ist ein Buch mit sieben Siegeln für alle Goethe-Kommentatoren. Dann aber arbeitete sich diese [rosenkreuzerische] Initiation immer weiter heraus, und Goethe konnte endlich, nachdem er sich dieser Initiation mehr und mehr bewusst geworden war, jene merkwürdige Prosadichtung entstehen lassen, die wir als das ‹Märchen von der grünen Schlange und der schönen Lilie› kennen. Es ist eine der tiefsten Schriften der Weltliteratur; wer sie in richtiger Weise zu interpretieren vermag, der weiß viel von der rosenkreuzerischen Weisheit.» (99, 13). Goethes Märchen war, so Rudolf Steiner, in inspirierter Gestalt am Ende des 18. Jahrhunderts entstanden; in den ersten zwei Dritteln des 19. Jahrhunderts habe das Rosenkreuzertum dann nach jahrhundertelanger Wirksamkeit in seiner kulturbildenden Kraft vorübergehend zurücktreten müssen, ehe die Quellen dieser Strömung neu erschlossen werden konnten.[26] – Weiter machte Rudolf Steiner in seinem grundlegenden Vortrag vom 22. Mai 1907 auf einige qualitative Besonderheiten der rosenkreuzerischen «Weltmission» aufmerksam, darunter auf das Verhältnis des esoterischen Schülers zum okkulten Lehrer, das sich in der rosenkreuzerischen Initiation nachhaltig von orientalischen Unterweisungsgebräuchen und -beziehungen unterscheide. Der rosenkreuzerische Schüler, so Rudolf Steiner, lebe nicht «mit dem Glauben an eine Autorität», sondern stehe zu seinem Lehrer wie ein Mathematikschüler zu dem in Mathematik Fortgeschrittenen: *«Der Lehrer ist der Freund, der Ratgeber, der die okkulten Erlebnisse vorlebt und sie den Schüler leben lässt.»* (99, 17). Darüber hinaus, so Steiner, sind die einzelnen Erkenntnisse der Rosenkreuzerweisheit, der «rosenkreuzerischen Theosophie», mit dem menschlichen Denken prinzipiell und in all ihren erforschten Einzelheiten begreif- und einsehbar, ihm zugänglich und mit der naturwissenschaftlichen Entwicklung konvergent, d.h. dem denkenden Ich und damit der menschlichen Bewusstseinsentwicklung entsprechend («Ein richtiges Verständnis der modernen Wissenschaft, [...] ein Verständnis, das frei von allen abstrakten Theorien und materialistischen Phantasien arbeitet, das streng auf dem Boden der Tatsachen steht und nicht darüber hinausgeht, ein solches Verständnis liefert Stück für Stück gerade aus der Wissenschaft heraus die Beweise für die rosenkreuzerischen spirituellen Wahrheiten.» (99, 16) – Schließlich hatte Rudolf Steiner zu Beginn seines Münchner Kurses über *Die Theosophie des Rosenkreuzers*, vierzehn Tage später aber auch in seinem Abschlussvortrag betont, dass es ein Charakteristikum der «rosenkreuzerischen Theosophie» sei, ein Wissen zu vermitteln, «was man brauchen kann», das «unmittelbar ins praktische Leben einfließen kann», in das *«werktätige Leben»* (99, 17f.):

> Rosenkreuzer-Weisheit muss nicht nur in den Kopf gehen, auch nicht bloß in das Herz, sondern in die Hand, in unsere manuellen Fähigkeiten, in das, was der Mensch täglich tut. Es ist kein sentimentales Mitfühlen, es ist ein Sich-Erarbeiten der Fähigkeiten, innerhalb des all-

> gemeinen Menschheitsdienstes zu wirken. Denken Sie sich, irgendeine Gesellschaft träte auf und würde nur allein Menschenbrüderschaft zu ihrem Ziele machen, würde nichts tun, als Menschenbrüderschaft predigen. Rosenkreuzerei wäre das nicht, denn der Rosenkreuzer sagt: Denke dir einen Menschen, der das Bein gebrochen hat und vor dir auf der Straße liegt. Wenn vierzehn Menschen herumstehen und warmes Empfinden und Mitleid haben, und keiner dabei ist, der das Bein wieder einrichten kann, so sind alle vierzehn weniger wesentlich als der eine, der hinzutritt, der vielleicht gar nicht sentimental ist, der aber die Fähigkeit besitzt, ein Bein einzurichten und es auch tut. – Und das ist die Gesinnung, die den Rosenkreuzer durchflutet. Auf die werktätige Erkenntnis, auf die Möglichkeit, aus der Erkenntnis heraus einzugreifen in das Leben, darauf kommt es an. Alles Reden über Mitgefühl ist der Rosenkreuzer-Weisheit sogar etwas Gefährliches, denn ihr erscheint ein fortwährendes Betonen von Mitgefühl wie eine Art astraler Wollust. Was das niedere Wollustgefühl ist auf dem physischen Plane, das ist auf dem astralen Plan diese Art, die immer nur fühlen will und nicht erkennen. Werktätige Erkenntnis, die eingreifen kann im Leben – allerdings nicht im materialistischen Sinne, sondern heruntergeholt von den spirituellen Planen –, die befähigt uns, praktisch zu wirken. Aus der notwendigen Erkenntnis, dass die Welt vorwärtskommen soll, fließt von selbst die Harmonie, und sie fließt umso sicherer, weil sie sich von selbst ergibt, wenn man erkennt. Von demjenigen, der ein Bein einrichten kann, könnte man sagen: wenn er kein Menschenfreund ist, lässt er vielleicht den liegen, der da liegt. – Das ist bei der bloßen Erkenntnis auf dem physischen Plan möglich. Bei der spirituellen Erkenntnis aber ist dieser Einwand nicht möglich. Es kann keine spirituelle Erkenntnis geben, die nicht einfließen würde in das werktätige Leben. (99, 17f.)[27]

Die Zivilisation der Gegenwart, so Rudolf Steiner in seinem Abschlussvortrag des Kurses, benötige die konkrete Rosenkreuzer-Schulung, bis in die Medizin bzw. soziale Hilfstellung hinein – «es ist ein Weg für den Gegenwartsmenschen; er macht ihn geeignet, in die Zukunft hineinzuwirken». (99, 165) *«Es ist das Instrument, das schaffend für die Zukunftskultur sein soll. Es wird heute gelehrt, weil der Mensch der Zukunft diese Lehren braucht, weil sie eingeführt werden müssen in den Entwickelungsgang der Menschheit.»* (ebd.) Über die Zukunft der

Rudolf Steiner, 1907

rosenkreuzerischen Geisteswissenschaft selbst sagte Rudolf Steiner gegen Ende seines kursbeschließenden Vortrags:

> Die Geisteswissenschaft wird immer mehr eine populäre Angelegenheit werden, sie wird immer mehr alle religiösen und praktischen Seiten des Lebens durchdringen, ebenso wie das große Gesetz des Daseins alle Wesen durchdringt; sie ist ein Faktor in der Menschheitsentwickelung.
>
> In diesem Sinne wurde die rosenkreuzerische Theosophie hier vorgetragen. Ist sie verstanden worden, nicht nur in der Abstraktion, sondern so, dass sie durch die Gefühle Erkenntnisse herbeigeführt hat, dann kann sie in das Leben unmittelbar hineinwirken. Wenn diese Erkenntnisse in alle unsere Glieder, vom Kopf in das Herz und von da in die Hand, in all unser Tun und Schaffen einfließen, dann haben wir die Grundlage der Geisteswissenschaft erfasst. Dann haben wir die große Kulturaufgabe erfasst, die in unsere Hände gelegt ist [...]. (99, 166)

*

Nicht nur die künstlerische Gestaltung des Kaim-Saals, sondern auch Rudolf Steiners forcierte Akzentuierung der Rosenkreuzerströmung – und ihre offensichtliche Identifizierung mit seiner eigenen Wirkensintention und -richtung seit vielen Jahren[28] – kam für viele Teilnehmer des theosophischen Pfingstkongresses und Hörer seines anschließenden Kurses in dieser Form überraschend («Vom Gesichtspunkte des [theosophischen] Gesellschaftslebens bedeutete [die esoterisch-künstlerische Gestaltung des Münchner Kongresses] den großangelegten Versuch Rudolf Steiners, die von ihm von Anfang an vertretene abendländisch-christlich-rosenkreuzerische Esoterik in den internationalen Umkreis der Theosophischen Gesellschaft hineinzustellen.» Hella Wiesberger[29]) Zugleich stand Rudolf Steiners entsprechende Initiative in einem klaren geschichtlich-spirituellen Zusammenhang. Bereits in seiner Ankündigung des Kongresses in der von ihm herausgegebenen Zeitschrift *Luzifer-Gnosis* hatte Rudolf Steiner indirekt auf die Bedeutung dieses «großangelegten Versuches» hingewiesen, um maximalen Besuch der Veranstaltung gebeten – und geschrieben:

Wir stehen vielleicht vor wichtigen Entscheidungen in theosophischen Angelegenheiten, und der Kongress wird, wenn die Gelegenheit nicht versäumt wird, manches beitragen können, um günstige Wendungen für die spirituellen Dinge herbeizuführen. Es möge daher kein Mitglied der Gesellschaft, das nur irgend den Besuch ermöglichen kann, bei dieser wichtigen Veranstaltung fehlen. (284, 35)[30]

Rudolf Steiners andeutender Hinweis auf die «wichtigen Entscheidungen in theosophischen Angelegenheiten» betraf unter anderem den «Fall» Charles Webster Leadbeater, der – als enger geistiger Vertrauter von Annie Besant und prominenter, mediumistisch arbeitender Theosoph – im Mai 1906 (ein Jahr vor dem Münchner Kongress) schwerer moralischer Verfehlungen gegenüber Knaben angeklagt worden war und es daraufhin vorgezogen hatte, die Theosophische Gesellschaft zu verlassen – ein Vorgang, der von Gesellschaftsmitgliedern schon auf dem Pariser Kongress im Juni 1906 intensiv diskutiert worden war.[31] Rudolf Steiner sah in der Problematik Leadbeater keine ausschließlich moralische Angelegenheit, sondern betrachtete den Gesamtvorgang vor dem Hintergrund von Leadbeaters okkultem Weg und damit als eine Frage der richtigen und zeitgemäßen Methode geistiger Schulung. Bereits im Frühsommer 1906 hatte Rudolf Steiner hierzu in einem grundlegenden Brief an Annie Besant geschrieben:

Mir stellt sich die ganze Sache in einem viel tieferen Lichte und Zusammenhang dar. Ich *muss* das Schlimme an der ganzen Sache in der Eigenart von Mr. Leadbeaters okkulter Methode sehen. Diese okkulte Methode *muss* notwendigerweise in gewissen Fällen zu solchen oder ähnlichen Fehlern führen, wie sie bei Mr. Leadbeater sich finden, weil sie für den Menschheitszyklus, dem die abendländische Bevölkerung angehört, nicht mehr anwendbar ist. Es müssen nicht dieselben Fehler in jedem Falle sein; aber es kann zu ähnlichen kommen, die nicht minder schlimm sind. Denn diese Methoden können nur dann zu einem sichern Resultat führen, wenn hinter jedem, der den Pfad betritt, eine so absolute Autorität eines Guru steht, wie sie im Abendlande wegen der allgemeinen Kulturverhältnisse ganz unmöglich ist. Eine Person darf im Abendlande zu der Stufe psychischer Entwickelung, auf welcher Leadbeater stand, nur geführt werden, wenn bei ihr der Teil von Führung, die nicht mehr vom Guru ausgehen kann, durch eine bis zu

> einem gewissen Grade gekommene *mentale* Schulung ersetzt wird. Und diese Schulung fehlt Mr. Leadbeater. Ich meine damit nicht eine bloß intellektuell-philosophische Schulung, sondern die Entwickelung jener Bewusstseinsstufe, welche in *gedanklich-innerem* Schauen besteht. [...] In Deutschland zum Beispiel müssen die Wege zu dieser Schulung von der Gedankenmystik Fichtes, Schellings und Hegels genommen werden, die eigentlich nach ihrer in Wahrheit okkulten Grundlage gar nicht verstanden werden. (264, 280)

Rudolf Steiner hatte im Kontext seines Schreibens an Annie Besant diese erstmals und in ausgesprochen dezidierter Form darauf hingewiesen, dass *allein* der spirituelle Rosenkreuzer-Weg in Europa dazu geeignet sei, als richtige und zeitgemässe Schulungsmethode anerkannt zu werden – und betont, dass seine eigenen Ausführungen *Wie erlangt man Erkenntnisse der höheren Welten?* in diesem Sinne gehalten seien (*«soweit [der rosenkreuzerische Pfad] vor die Öffentlichkeit gebracht werde darf, ist dieser «Pfad» in der Zeitschrift «Lucifer-Gnosis» von mir mitgeteilt worden.»* 264, 281). Gegen Ende seines Briefes hatte Rudolf Steiner Annie Besant noch einmal deutlich geschrieben:

> In Mitteleuropa sind seit dem vierzehnten Jahrhunderte die Linien des okkulten Wirkens [...] bestimmt vorgezeichnet; und wir müssen hier ganz notwendig diesen Richtungen folgen. (264, 282f.)

Ab dem Juli 1906 hatte Rudolf Steiner dann damit begonnen, in verschiedenen Vortragszusammenhängen über die *drei* verschiedenen Einweihungswege (den orientalischen Yoga-Weg, den christlich-gnostischen und den christlich-rosenkreuzerischen Weg) zu sprechen, und war mit Nachdruck dafür eingetreten, dass der spirituelle Weg der Rosenkreuzer und die auf diesem Weg zu erlangende Bewusstseinsstufe des «*gedanklich-inneren Schauens*» (264, 281) im Mittelpunkt der theosophischen Bemühungen stehen müsse, damit jedoch ein eindeutiger *Erkenntnis*-Weg mit klaren Gedanken- und Begriffsbildungen («In Deutschland, Österreich und der Schweiz machte Rudolf Steiner [nun] konsequent die rosenkreuzerische Form der Theosophie zum Thema seiner Darstellungen; in Berlin, in München, in Basel und Wien, in Düsseldorf und anderen Orten schilderte er die spezifisch rosenkreuzerische Theosophie von immer neuen Gesichtspunkten [...].» Lindenberg[32]). Die Kongress-

Positionierung der Büsten von Fichte, Schelling und Hegel stand in diesem Kontext.

Die zweite Zentralproblematik, die das Vorfeld des Münchner Kongresses bestimmt hatte und von Rudolf Steiner ohne Zweifel zum Umraum der *«wichtigen Entscheidungen in theosophischen Angelegenheiten»* gerechnet wurde, betraf die Voraussetzungen von Annie Besants bevorstehender Wahl zur Präsidentin der Theosophischen Gesellschaft, die Ende Juni 1907, vier Wochen nach der Pfingstveranstaltung in München, stattfinden sollte. Annie Besant war Leiterin und damit geistiges Oberhaupt der «Esoteric School» der Theosophischen Gesellschaft – einer Einrichtung, die 1888 von Helena Petrowna Blavatsky unter der ursprünglichen Bezeichnung «Esoterische Sektion der Theosophischen Gesellschaft» («Esoteric Section of the Theosophical Society») gegründet[33] und drei Jahre später (1891) Annie Besant anvertraut worden war. Rudolf Steiner war dieser Schule im Oktober 1902 offiziell beigetreten und hatte ab Mai 1904 als ihr «Repräsentant» in Deutschland und Österreich gewirkt. Die von ihm gehaltenen Esoterischen Stunden oder vielmehr der durch diese Stunden (und die mit ihnen verbundene innere Arbeit) sich ausbildende spirituelle Kern der deutschen Sektion war Rudolf Steiner außerordentlich wesentlich – bereits im Mai 1904 hatte er an Mathilde Scholl geschrieben: «Der Erfolg der deutschen theosophischen Bewegung hängt davon ab, dass wir einen Grundstock von solchen Theosophen haben, die esoterisch arbeiten.» (264, 58) – Die unmittelbar bevorstehende Wahl der Leiterin der Esoterischen Schule zur Präsidentin der Theosophischen Gesellschaft war bereits als personale Verbindung eines administrativen mit einem esoterisch-spirituellen Amt problematisch; für wesentlich gravierender, ja fatal erachtete Rudolf Steiner jedoch die Tatsache, dass der bisherige Gesellschafts-Präsident Olcott – der im Sterben lag – die intendierte Inthronisation seiner Wunschkandidatin Besant mit dem Votum jener beiden östlichen «Meister» begründete, die nach Auffassung Blatvatskys die Esoterische Schule im eigentlichen Sinne leiteten.[34] Die beiden Meister, so Olcott, seien ihm wiederholt und in Gegenwart von Zeugen an seinem Krankenbett in Adyar erschienen, und hätten sich entsprechend zum Ausdruck gebracht.[35] – Am 26. März 1907, zwei Monate vor der Eröffnung des Münchner Kongresses, hatte Rudolf Steiner diesbezüglich an eine esoterische Schülerin geschrieben:

Ihr Gefühl in bezug auf das, was an Mitteilungen über okkulte Vorgänge von Adyar aus verbreitet wird, leitet sie richtig. Nun aber befinden wir uns in einer schweren Zeit, nicht nur für den Fortgang der Theosophischen Gesellschaft, sondern für das spirituelle Leben überhaupt. Es sind viele dunkle Mächte an der Arbeit, um gerade das redlichste okkulte Streben, das für die gegenwärtige Zeit zum Heile der Menschheit so notwendig ist, zu zerstören. Im gegenwärtigen Augenblicke muss mein Mund noch geschlossen bleiben über die eigentlichen tieferen Grundlagen des Kampfes, der hinter den Kulissen geführt wird. Es kann ein furchtbarer Kampf werden und wir werden mit offenen Augen dem gegenüberstehen müssen, was da kommt. Es wird vielleicht bald die Zeit kommen, wo über die Vorgänge in Adyar mein Mund nicht mehr geschlossen sein wird. [...]

Nun ist in gegenwärtigem Augenblicke nicht die Frage das wichtige, wer gewählt wird, sondern die Hauptsache ist, dass die heilige Sache der Meister nicht zusammengeworfen werde mit einer solchen Sache, wie eine Wahl ist.[36] Nicht darauf, ob Mrs. Besant gewählt wird oder nicht, kommt es an, sondern darauf, dass sie die Wahl überhaupt in Zusammenhang bringen kann mit den erhabenen Meistern. Das ist es, was die denkbar größte Verwirrung anrichten muss, und was in Zukunft dahin führen könnte, dass auch der letzte Zusammenhang zwischen den Meistern und der Gesellschaft unterbrochen wird. Denn die Meister werden sich vielleicht gar nicht mehr um eine Gesellschaft kümmern, in der man ihnen zumutet, dass sie eine solche Rolle spielen, wie gegenwärtig von Adyar aus behauptet wird. – Viel wichtiger, ob Mrs. Besant gewählt wird, ist, dass sie selbst wieder auf den richtigen Weg kommt. (264, 298f.)

Sein Brief an Anna Minslova brachte zum Vorschein, wie ernst und im eigentlichen Sinne dramatisch Rudolf Steiner die Vorgänge innerhalb der Theosophischen Gesellschaft im Frühjahr 1907 betrachtete. Obwohl Rudolf Steiner auch in den folgenden Jahren nie *«über die eigentlichen tieferen Grundlagen des Kampfes, der hinter den Kulissen geführt wird»* sprechen sollte, so ist im geschichtlichen Rückblick doch deutlich, dass die damit gemeinte Auseinandersetzung in zentraler Weise die Zukunft des – so Steiner – «Christus-Impulses» auf Erden betraf («In der Hauptsache bedeutet unser Kampf einen Kampf um unsere Christus-Auffassung.» Michael Bauer[37]) Rudolf Steiners Wirken innerhalb der theosophischen

Rudolf Steiner/Edith Maryon: Christus-Plastik

Bewegung diente diesem «Christus-Impuls» und seiner Erkenntnis im Sinne des Rosenkreuzertums[38] – und das von Steiner gegenüber Minslova angesprochene *«redlichste okkulte Streben, das für die gegenwärtige Zeit zum Heile der Menschheit so notwendig ist»*, stand ohne Zweifel in Zusammenhang mit dem, was Rudolf Steiner ab 1908 als das Kommen des Christus «im Ätherischen» bezeichnete und in dessen Vorbereitung stehend er seine geisteswissenschaftliche Arbeit betrachtete. Im Mai 1908, ein Jahr nach dem Münchner Kongress, sollte Rudolf Steiner in einem Hamburger Kurs über das Johannes-Evangelium, ausgehend von den Matthäus-Worten: «Ich bleibe bei Euch alle Tage bis an das Ende des Zeitalters, des Weltenalters!» (Mt 28, 20), sagen:

> Er ist da und er wird wiederkommen, zwar nicht in einer fleischlichen Gestalt, aber in einer solchen Gestalt, dass die Menschen, die sich bis dahin durch die Kraft des Johannes-Evangeliums entwickelt haben, ihn sehen, ihn wirklich wahrnehmen können und nicht mehr ungläubig sind, wenn sie die geistige Kraft haben, ihn zu sehen. Diese Mission hat die theosophische Bewegung: denjenigen Teil der Menschheit, der sich vorbereiten lassen will, auf die Wiederkunft des Christus auf Erden vorzubereiten. Das ist die welthistorische Bedeutung der theosophischen Geisteswissenschaft [...]. (103, 213)[39]

Vieles spricht dafür, dass Rudolf Steiner diese «welthistorische» Aufgabenstellung der theosophischen Geisteswissenschaft und ihrer Gesellschaft schon Anfang 1907 massiv gefährdet sah – und jener «Kampf», der Jahre später deutlich zum Vorschein kommen sollte[40], sich in seinen Grundrichtungen bereits zu dieser Zeit konstellierte. Über die Zukunft der Theosophischen Gesellschaft schrieb Rudolf Steiner im September 1907 im elsässischen Barr, vier Monate nach dem Münchner Pfingstkongress und dessen klare Zielsetzung retrospektiv erläuternd:

> [Die] gedeihliche Fortentwickelung [der Theosophischen Gesellschaft] in den westlichen Ländern hängt ganz davon ab, inwiefern sie sich fähig erweist, das Prinzip der westlichen Initiation unter ihre Einflüsse aufzunehmen. Denn die östlichen Initiationen müssen notwendig das *Christusprinzip* als zentralen *kosmischen* Faktor der Evolution unberührt lassen. Ohne dieses Prinzip müsste aber die theosophische Bewegung ohne bestimmende Wirkung auf die

westlichen Kulturen bleiben, die an ihrem Ausgangspunkte das Christusleben haben. Die Offenbarungen der orientalischen Initiation müssten für sich selbst im Westen sich wie eine Sektiererei *neben* die lebendige Kultur hinstellen. Eine Hoffnung auf Erfolg in der Evolution könnten sie nur haben, wenn sie das Christusprinzip aus der westlichen Kultur vertilgten. Dies wäre aber identisch mit dem Auslöschen des eigentlichen *Sinnes der Erde,* der in der Erkenntnis und Realisierung der Intentionen des *lebendigen Christus* liegt.[41] [Diese] zu enthüllen in voller Weisheits-, Schönheit- und Tatform ist aber das tiefste Ziel des Rosenkreuzertums. Über den Wert der östlichen Weisheit als Studium kann nur die Meinung bestehen, dass dieses Studium von allerhöchstem Werte ist, weil die westlichen Völker den Sinn für Esoterik verloren, die östlichen sich ihn aber bewahrt haben. Über die *Einführung* der richtigen Esoterik im Westen sollte aber auch nur die Meinung bestehen, dass dies nur die rosenkreuzerisch-christliche sein kann, weil *diese* auch das westliche Leben geboren hat, und weil durch ihren Verlust die Menschheit der Erde ihren Sinn und ihre Bestimmung verleugnen würde. Allein in dieser Esoterik kann die Harmonie von Wissenschaft und Religion erblühen [...]. (262, 26)

*

Über ein grundlegendes Gespräch Rudolf Steiners mit Annie Besant in der Zeit des Münchner Kongresses schrieb Marie Steiner-von Sivers in ihren Erinnerungen:

Im Jahre 1907, beim Kongress der Föderation theosophischer Sektionen, in München, versuchte Dr. Steiner in einem längeren Gespräch, bei dem ich als Dolmetscherin diente, in herzlich-ehrerbietiger, aber tief eindringlicher Weise Annie Besant auf manches hinzuweisen, das ihr in diesem entscheidenden Momente ihres Schicksals hätte helfen können, und legte ihr zugleich die für ihn eingetretene Notwendigkeit dar, seine eigene esoterische Arbeit, unabhängig von der ihrigen, ganz auf den Boden der abendländisch-christlichen Mystik zu stellen. Sie hörte sich dieses schweigend mit ziemlich undurchdringlichem Gesichtsausdrucke an, und man fühlte förmlich, welche Gedankengänge sich hinter ihrer Stirne formten.[42]

Rudolf Steiner und Annie Besant. München, Mai 1907

Einer späteren Vortragsaussage Rudolf Steiners zufolge sagte Annie Besant in diesem Gespräch zu ihm, sie erachte sich «in Bezug auf das Christentum nicht [für] kompetent»[43] – *«Und deshalb trat sie sozusagen damals die Bewegung, insofern das Christentum einfließen soll, mir ab.»* (284, 31) Dass Annie Besant in der Tat die von Rudolf Steiner im Vorfeld des Kongresses und in München betonte Abgrenzung der Schulungswege akzeptierte und sich selbst mit Nachdruck von der christlich-rosenkreuzerischen Richtung distanzierte, zeigte ein Brief, den sie kurz nach ihrer Londoner Ankunft an den deutschen Theosophen Willhelm Hübbe-Schleiden schrieb, und in dem es u.a. hieß:

> Dr. Steiner's occult training is very different from ours. He does not know the eastern way, so cannot, of course, teach it. He teaches the Xtian and Rosicrucian way, and this is very helpful to some, but is different from ours. He has his own School, on his own responsibility.

> Dr. Steiners okkulte Schulung ist von der unsrigen sehr verschieden. Er kennt den östlichen Weg nicht, daher kann er ihn auch nicht lehren. Er lehrt den christlich-rosenkreuzerischen Weg, der für manche Menschen eine Hilfe, aber von unserem verschieden ist. Er hat seine eigene Schule und trägt auch selbst die Verantwortung dafür.[44]

Annie Besant gewährte Rudolf Steiner Lehrfreiheit, respektierte die von ihm in München vollzogene Autonomisierung seiner Esoterischen Schule und betonte in dem zitierten Brief ihre fortgeführte Verbundenheit mit ihm («I regard him as a very fine teacher on his own lines, and as a man of real knowledge. He and I work in thorough friendship and harmony, but along different lines.» – «Ich halte ihn in seiner Richtung für einen ausgezeichneten Lehrer und für einen Menschen mit wirklichen Erkenntnissen. Er und ich arbeiten in echter Freundschaft und Harmonie, aber auf verschiedene Art.»[45]). Zugleich ließ Annie Besants Brief an Hübbe-Schleiden jedoch mit hinlänglicher Eindeutigkeit erkennen, dass die Theosophische Gesellschaft unter ihrer Führung auch in Zukunft – und trotz der noch lange anhaltenden Loyalität und Mitarbeit Rudolf Steiners – sich nicht dazu bewegen lassen würde, *«das Prinzip der westlichen Initiation unter ihre Einflüsse aufzunehmen»*. Vielmehr entwickelte sich die von Besant bestimmte Gesellschaft in den nächsten Jahren zu einem Faktor, dem es – gemäß den

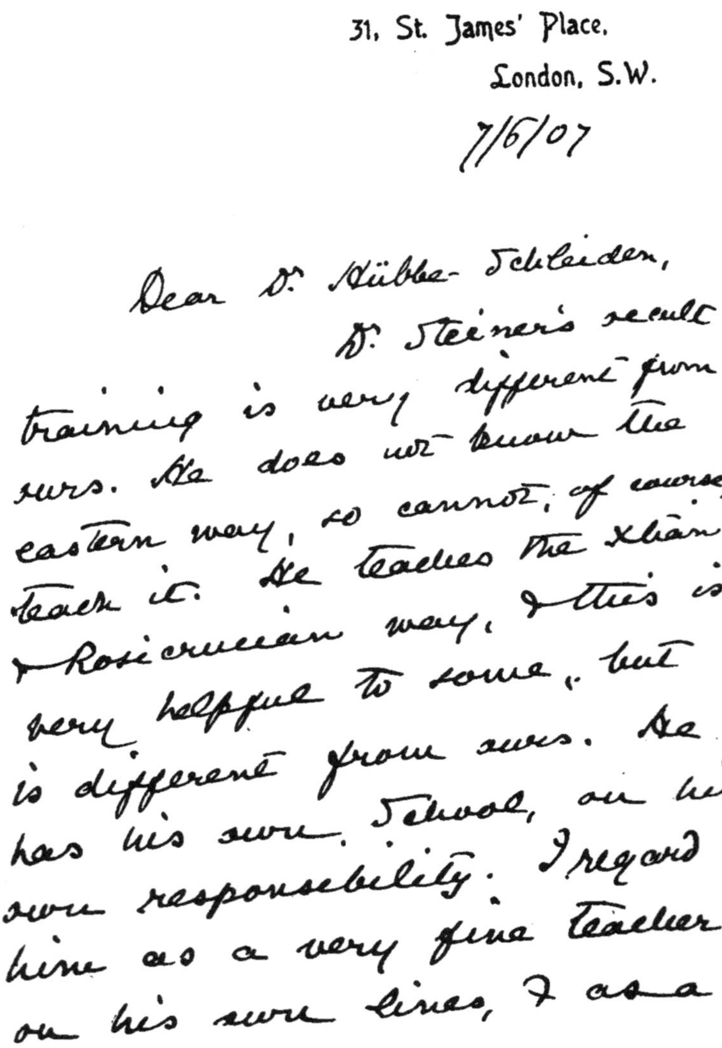

31, St. James' Place.
London, S.W.
7/6/07

Dear Dr Hübbe-Schleiden,
Dr Steiner's occult training is very different from ours. He does not know the eastern way, so cannot, of course, teach it. He teaches the Xtian & Rosicrucian way, & this is very helpful to some, but is different from ours. He has his own School, on his own responsibility. I regard him as a very fine teacher on his own lines, & as a

Brief von Annie Besant an Wilhelm Hübbe-Schleiden.
London, 7.6.1907, S. 1

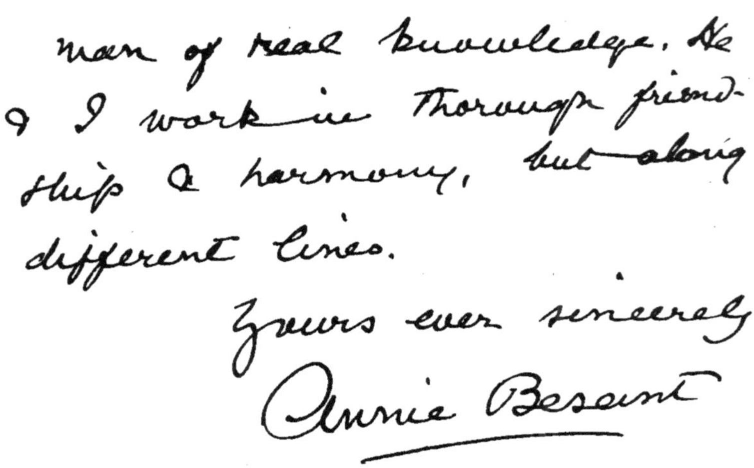
man of real knowledge. He
& I work in thorough friend-
ship & harmony, but along
different lines.
Yours ever sincerely
Annie Besant

Brief von Annie Besant an Wilhelm Hübbe-Schleiden.
London, 7.6.1907, S. 2

Barrer Gesichtspunkten Rudolf Steiners – um die konkrete «Vertilgung» des realen «Christus-Prinzips» ging und der eine destruktive Rolle in der Kulturgeschichte Mitteleuropas spielte. Edouard Schuré, für den Rudolf Steiner im September 1907 seine Barrer Aufzeichnungen verfasst hatte, schrieb 1913 anlässlich seines Austrittes an den Präsidenten der Theosophischen Gesellschaft in Frankreich, dass er die ganze Krishnamurti-Angelegenheit in diesem Kontext sehe – *«denn diese Affäre ist in Wirklichkeit nichts anderes als die Antwort Adyars auf die Wiedergeburt der christlichen Esoterik im Abendlande.»*[46]

*

Nach Marie Steiner-von Sivers legte Rudolf Steiner in München Annie Besant *«die für ihn eingetretene Notwendigkeit dar, seine eigene esoterische Arbeit, unabhängig von der ihrigen, ganz auf den Boden der abendländisch-christlichen Mystik zu stellen».* Vier Tage nach Annie Besants Abreise am 28. Mai 1907 hielt Rudolf Steiner in München dann seine erste Esoterische Stunde nach der vollzogenen Loslösung der Schule, und sagte dort unter anderem:

> Niemand soll [...] glauben, es bestehe eine Disharmonie zwischen den Meistern des Ostens und des Westens. Die Meister leben immer in Harmonie. Aber dennoch ist in der letzten Zeit eine tiefeinschneidende Änderung vor sich gegangen, hinsichtlich der Esoterischen Schule des Ostens und des Westens. Bisher waren beide Schulen vereint in einem großen Kreise unter gemeinsamer Leitung der Meister. Nun aber hat sich die westliche Schule selbständig gemacht und es bestehen nunmehr zwei einander gleichgestellte Schulen: die eine im Osten, die andere im Westen; zwei kleinere Kreise statt des einen großen. Die östliche Schule wird von Mrs. Annie Besant geleitet, und wer sich in seinem Herzen mehr zu ihr hingezogen fühlt, der kann nicht länger in unserer Schule bleiben. Ein jeder prüfe genau, welchen Weg ihn die Herzenssehnsucht führt. An der Spitze unserer westlichen Schule stehen zwei Meister: der Meister Jesus und der Meister Christian Rosenkreutz. Und zwei Wege führen sie uns, den christlichen und den christlich-rosenkreuzerischen. Die große weiße Loge leitet alle spirituellen Bewegungen, und der Meister Jesus und der Meister Christian Rosenkreutz gehören ihr an. – Das sei als

> Antwort, als tatsächliche Antwort gegeben auf die Fragen, die wohl mancher sich stellte infolge der letzten Ereignisse. (264, 329f.)

In einer anderen Gedächtnisaufzeichung der Stunde vom 1. Juni 1907 wurde Rudolf Steiners entsprechende Darstellung mit den Worten wiedergegeben:

> Eine Antwort soll gegeben werden auf die Fragen, welche bezüglich der Erscheinungen (der Meister) in Adyar gestellt worden sind. Es obliegt dem Okkultisten gar nicht, zu entscheiden, ob diese Erscheinungen echt waren oder nicht. Weniger geräuschvoll als die Meister des Ostens haben die Meister des Westens gesprochen. Der Ruf derselben ergeht an alle im Westen, ob sie sich der Führung der beiden Meister des Westens anschließen wollen.
>
> Wollten wir die Weisheit des Ostens hier einführen, die orientalische Schulung hier im Westen befolgen, so bedeutete das für den Westen den Untergang. Wir brauchen die Zukunftsweisheit, die westliche Schulung, die uns von diesen beiden Meistern [Meister Jesus und Christian Rosenkreutz] gegeben wird.
>
> Früher war die westliche Schule der östlichen nur angeschlossen, untergeordnet; nun aber sind beide nur noch brüderlich verbunden, gehen aber ganz unabhängig nebeneinander her. Die westliche Schule ist von jetzt ab der des Orients nicht mehr subordiniert, sondern koordiniert. Das, was im Auftrage der Meister des Westens durch mich gegeben wird, geht unabhängig einher neben dem, was Mrs. Besant im Auftrage der Meister des Ostens lehrt.
>
> Im Westen bestehen fortan die christliche Schulung und die christlich-rosenkreuzerische Schulung. Die erstere bildet aus durch das Gefühl, die andere durch den Verstand. (264, 331f.)

Auf diese Weise beschrieb und erläuterte Rudolf Steiner die von ihm – oder durch ihn – vollzogene Trennung der Esoterischen Schulen im Nachgang des Münchner Kongresses. Er beschrieb diese Trennung im Sinne einer «Antwort» auf die Vorgänge, die sich zuletzt in der Theosophischen Gesellschaft ereignet hatten – und auf die Kräftewirksamkeiten, die ihnen ursächlich zugrunde lagen.

Die Esoterische Stunde vom 1. Juni 1907 fand mehr als eine Woche nach dem Ende des Münchner Pfingstkongresses und seinem «großangelegten Versuch» statt, die «abendländisch-christlich-rosenkreuzerische Esoterik in den internationalen Umkreis der Theosophischen Gesellschaft hineinzustellen.» (Wiesberger) Dennoch stand sie in innerster Beziehung zu diesem «Versuch» und vollzog sich vor und unter einer kleineren Gruppe von Menschen, die sich verbindlich für den spirituellen Schulungsweg entschieden hatten. In seiner Esoterischen Stunde sprach Rudolf Steiner noch einmal eindringlich über das Wesen der okkulten Schulung und über die Zukunftsbedeutung der spirituellen Arbeit, damit auch über den Sinn der Esoterischen Schule selbst: *«Dadurch, dass der Mensch […] esoterische Übungen macht, wächst er geistig in die Zukunft hinein, er erlebt in sich das, was in Zukunft einst sein wird und das, was er so, erlebt, ist das, was wir als die höheren Welten kennen. Sie stellen Zukunftszustände der Menschheit dar.»* (264, 324) Rudolf Steiner bezeichnete die okkulte Arbeit in diesem Sinne als eine «unzeitgemäß»-notwendige Vorwegnahme eines Kommenden beziehungsweise als eine «heilige Pflicht» für den Fortschritt der Menschheit:

> Wenn niemand auf der Erde wäre, der esoterische Übungen machen wollte, so müsste die Erde immer mehr und mehr erstarren. (264, 323)

Unter den Menschen, die diese Worte am 1. Juni 1907 hörten, war eine 31 Jahre alte Medizinstudentin holländischer Herkunft, die aus Zürich zu den Pfingstveranstaltungen nach München gereist war. Wie alle Mitglieder der Esoterischen Schule musste sich auch Ita Wegman zwischen den Wegen Annie Besants und Rudolf Steiners entscheiden: «Die östliche Schule wird von Mrs. Annie Besant geleitet, und wer sich in seinem Herzen mehr zu ihr hingezogen fühlt, der kann nicht länger in unserer Schule bleiben. *Ein jeder prüfe genau, welchen Weg ihn die Herzenssehnsucht führt.»* Von Ita Wegman wollte Rudolf Steiner ihre Entscheidung persönlich hören und ließ sie zu sich rufen.

*

II. *«Dann wurde sein Blick strahlend»*

Ita Wegmans Entscheidung für Rudolf Steiner München 1907

Er empfing mich ernst, sein Blick war fragend.
Ita Wegman

Münchner Kongress. Alles schön, aber etwas befriedigt mich nicht. Streit zwischen Annie Besant und Rudolf Steiner. Dazwischen stand ich. *Mein Entschluss*, ganz mit Rudolf Steiner zu gehen.[47]

Ita Wegman war Rudolf Steiner viereinhalb Jahre zuvor erstmals begegnet, im sommerlichen Spätherbst des Jahres 1902 in Berlin, kurz nachdem Rudolf Steiner Generalsekretär der deutschen Sektion der Theosophischen Gesellschaft geworden war. Zur Theosophie hatte Ita Wegman auf Java gefunden, wo sie 1876 geboren worden war; sie war noch in «Niederländisch-Indien» – oder nach ihrer Übersiedlung nach Holland um 1900 – in die Theosophische Gesellschaft eingetreten. In Holland hatte sie dann erstmals von Rudolf Steiner gehört, den sie schließlich zwei Jahre später in Berlin besuchen ging:

> An einem schönen Sommertage besuchte ich Rudolf Steiner [...] in Berlin, als er gerade Generalsekretär der Deutschen Theosophischen Gesellschaft geworden war. Ich wollte nichts anders als mich erkundigen wegen der theosophischen Arbeit und einen Eindruck gewinnen von dem Mann, von dem in holländischen theosophischen Kreisen gesagt wurde, dass er in der Esoterik eigene Wege ginge, anders als Annie Besamt, die damals innerhalb dieser Kreise eine große Verehrung genoss.
>
> Rudolf Steiner frug, was ich in Berlin tue. «Studieren und das

> Leben kennen lernen» war meine Antwort. Er sah mich forschend an, übergab mir schweigend ein Programm seiner Vorlesungen und wollte ganz sicher damit dem Ausdruck «das Leben kennen lernen» eine Richtung geben. Wir verstanden uns sehr gut, ich versprach seine Vorlesungen zu besuchen und verabschiedete mich. Das Programm wunderte mich, alles deutsche Literatur und keine Theosophie, dachte ich, weil nirgends das Wort Theosophie stand.[48]

Als Ita Wegman in Berlin zu Rudolf Steiner kam, war Steiner selbst erst vor kurzem der Theosophischen Gesellschaft nahegetreten – und der an ihn gegangenen Einladung gefolgt, die Arbeit in Berlin und Deutschland verantwortlich zu übernehmen. Rudolf Steiner hatte die Theosophische Gesellschaft im Hinblick auf die sie leitenden spirituellen Mächte geprüft und hatte sich zu diesem Schritt entschieden[49] – nachdem ihm Lehrfreiheit zugesagt[50] und Marie von Sivers sich an seine Seite gestellt hatte.[51] Mit Marie von Sivers zusammen hatte er die Berliner Sektions-Arbeit ab Mitte September 1902 entschieden in die Hand genommen, mit wohlwollender Unterstützung Annie Besants, die zur Feierstunde der Sektionsgründung im Oktober eigens angereist war. Kurze Zeit darauf fand sich auch Ita Wegman ein, aufmerksam und interessiert – *«Ich wollte nichts anders als mich erkundigen wegen der theosophischen Arbeit und einen Eindruck gewinnen von dem Mann, von dem in holländischen theosophischen Kreisen gesagt wurde, dass er in der Esoterik eigene Wege ginge, anders als Annie Besamt [...].»*

In ihren späteren Erinnerungen an die erste Berliner Begegnung betonte Ita Wegman den Blick Rudolf Steiners *(«Er sah mich forschend an»)*, referierte knapp den Inhalt des Gesprächsbeginnes und fasste dessen Verlauf und die seelische Atmosphäre der gesamten Begegnung in wenige Worte zusammen: *«Wir verstanden uns sehr gut.»* Rudolf Steiners Architektenhausvorträge der nächsten Wochen und Monate aber besuchte sie selten – *«alles deutsche Literatur und keine Theosophie, dachte ich, weil nirgends das Wort Theosophie stand.»* Ita Wegman hatte die Theosophie in Asien kennen gelernt und sich für die spirituellen Aspekte des Lebens interessiert, im Hinblick auf das individuelle Schicksal und das geistige Sein des Menschen. Dem Tod war Ita Wegman früh in ihrer Biographie und in wiederholter Weise nahegetreten; auch war sie sehr mit der Naturgeistigkeit und den religiösen Gebräuchen der Insel verbunden, in deren wirkmächtiger Landschaft sie zuletzt – vor der Rückkehr nach

Holland – viele Monate in meditativer Abgeschiedenheit gelebt hatte.[52] Rudolf Steiners Berliner Vortragsdarstellungen, die die Theosophie in öffentlichkeitsorientierter Weise und in weitgehender Anknüpfung an die Literatur und Philosophie des deutschen Idealismus entwickelten, waren Ita Wegman ganz offensichtlich fremd. Dennoch trat eine weitere Vertiefung ihrer beginnenden Beziehung zu Rudolf Steiner noch innerhalb der Berliner Architektenhaus-Vorträge ein:

> Ich besuchte nicht viele seiner Vorlesungen, bis ich eines Tages im Architektenhaus in Berlin einen Vortrag von ihm hörte über Goethes Märchen von der Lilie und der grünen Schlange, der mich sehr interessierte. Nach Ablauf des Vortrages frug ich Rudolf Steiner, ob es nicht möglich wäre, mehr noch von solcher Weisheit zu erfahren.[53]

Rudolf Steiner hatte sich zu diesem Zeitpunkt seit mehr als zwei Jahrzehnten mit Goethes geheimnisvollem *Märchen* und seinen geistigen Hintergründen auseinandergesetzt[54]; seinen ersten Berliner Vortrag zu diesem Thema – seinen ersten esoterischen Vortrag überhaupt[55] – hatte er am Michaelstag des Jahres 1900 gehalten und ihn später als die «Urzelle» der anthroposophischen Bewegung bezeichnet.[56] Goethes Märchen, so Steiner, «hat seinen Ursprung im Rosenkreuzer-Mysterium»[57] und verdankt seine Niederschrift einem irdischen Abglanz übersinnlicher Prozesse, die – an der Wende des 18. zum 19. Jahrhundert – mit Michael und den Vorbereitungen der Anthroposophie in enger Beziehung standen.[58] – Obwohl die Michaels-Zusammenhänge von Rudolf Steiner in dem von Ita Wegman in Berlin gehörten *Märchen*-Vortrag noch nicht thematisiert wurden, sprach Steiners spirituelle Beschreibung und esoterische Deutung der Goethe'schen Gestalten Ita Wegman im Innersten an – *«nach Ablauf des Vortrages frug ich Rudolf Steiner, ob es nicht möglich wäre, mehr noch von solcher Weisheit zu erfahren»*. Mit seinem «Märchen»-Vortrag war Rudolf Steiner für Ita Wegman erstmals als Esoteriker ansichtig geworden – und ihre Frage nach einer Fortführung dieser Esoterik nahm er unmittelbar auf:

> «Kommen Sie in die Motzstraße 17 an dem bestimmten Tag», sagte er kurz und bedeutungsvoll zu mir.
>
> An dem genannten Tag erschien ich und erlebte dort eine Esote-

rische Stunde. Von dem Moment ab wusste ich, Rudolf Steiner war mein Lehrer, ist mein Lehrer und wird in der Zukunft mein Lehrer sein.

Theosophie, wie sie in Holland durch Annie Besant gelehrt wurde, fand ich kindlich im Vergleich zu dem, was Rudolf Steiner gab.[59]

Rudolf Steiner hatte mit seinen Esoterischen Stunden in kleinem Kreis im Herbst 1904 in Berlin begonnen, nach der im Juni erfolgten Autorisation durch Annie Besant. Wann genau Ita Wegman die von ihr angedeutete Stunde in Berlin hörte, ist dokumentarisch nicht bekannt, sehr wahrscheinlich jedoch im Februar 1905[60]; bald danach aber verließ sie die Stadt, um in der Schweiz – mit Unterstützung Rudolf Steiners – Medizin zu studieren.

Vor der Wiederbegegnung in München sahen sich Rudolf Steiner und Ita Wegman noch verschiedene Male in Zürich, wohin Steiner zu Vorträgen kam. Dort überstellte er Ita Wegman die Regeln der Esoterischen Schule, in die er sie aufnahm; dort besuchte er gemeinsam mit ihr das Gartenhäuschen, in dem Richard Wagner den Beginn seines Parsifals gedichtet hatte, den Anfang seiner großen Grals-Arbeit. In dieser Weise innerlich vorbereitet – und Rudolf Steiner in schriftlicher Weise regelmäßig über ihre Schulungsübungen Bericht erstattend – kam Ita Wegman zu Pfingsten 1907 nach München.

*

Was Ita Wegman in München erlebte, hielt sie 26 Jahre später (in ihren Entwürfen für einen Londoner Gedenkvortrag über Rudolf Steiner am 27. Februar 1933) fest, kurz vor der Machtübernahme der deutschen Nationalsozialismus und dem Einbruch des antichristlichen «Bösen» in die Geschichte Mitteleuropas. Auf einem Notizblatt schrieb sie über ihre Münchner Erfahrungen in maximaler Verkürzung und Verdichtung des Erlebten nieder:

Münchner Kongress. Alles schön, aber etwas befriedigt mich nicht. Streit zwischen Annie Besant und Rudolf Steiner. Dazwischen stand ich. *Mein Entschluss*, ganz mit Rudolf Steiner zu gehen.

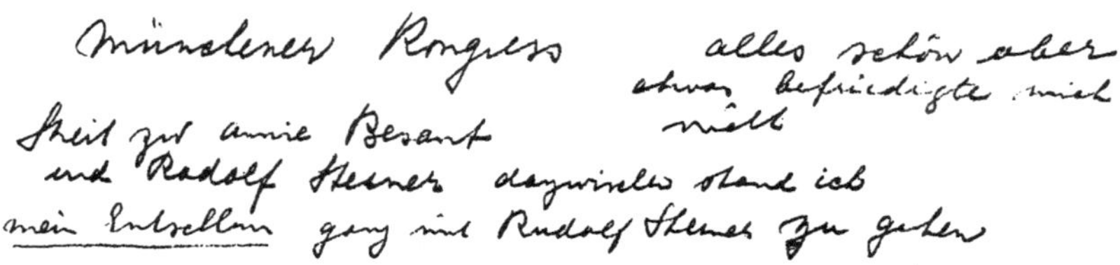
Münchener Kongress alles schön aber etwas befriedigte mich nicht
Streit zw annie Besant und Rudolf Steiner dazwischen stand ich
mein Entschluss ganz mit Rudolf Steiner zu gehen

Ita Wegman: Erinnerungsnotiz (1933)

In ihrem ausführlichen Vortragsentwurf, den sie einem ihrer Notizbücher anvertraute und der – wie Rudolf Steiners Autobiographie – mit den Erlebnissen des Jahres 1907 endete, verfasste Ita Wegman dagegen einen mehr ins Einzelne gehenden Bericht, in dem es hieß:

> Als ungeheuer bedeutungsvoll habe ich den Münchner Kongress empfunden. Es war damals im Jahre [1907], als in München ein großer theosophischer Kongress stattfand, zu dem alle wichtigen theosophischen Mitglieder von überall her hinkamen. Auch Annie Besant war zugegen. Da war schon zu bemerken, wie er [Rudolf Steiner] andere Wege ging als Leadbeater und Annie Besant, und unter den Freunden A. Besants war eine große Aufregung. Man beschäftigte sich eingehend damit, woher hat Steiner sein großes Wissen über die übersinnliche Welt; ein Wissen, an das sie nicht herankommen konnten. Und als Rudolf Steiner Annie Besant selbst erklärte, dass er sein Wissen über die Mondsphäre hinaus von der Sonnensphäre hole mit einem Bewusstsein, das nicht erst in den Schlaf zu gehen brauche, wurde diese seine Sprache als ketzerisch empfunden, stolz und eigenmächtig.
>
> Ich hatte das eigenartige Erlebnis, zuerst mit Annie Besant zusammenzukommen, durch meine Beziehungen zu den holländischen Freunden, unter denen der Fall Steiner eifrig besprochen wurde. Kurz darauf ließ er mich rufen. Ich wusste, ein entscheidender Moment meines Lebens wird stattfinden, ich musste mich entscheiden, entweder voll und ganz den Weg Rudolf Steiners zu nehmen und ihm zu folgen oder bei den holländischen Freunden zu bleiben.
>
> R[udolf] St[einer] empfing mich ernst, sein Blick war fragend. Es wurde nicht viel gesprochen zwischen uns, wir verstanden uns sehr gut. Ich sagte einfach, weil ich fühlte, dass er von den Dingen wusste:

> «Ich bleibe bei Ihnen.»
> Dann wurde sein Blick strahlend, er nahm meine Hand, gab mir das Michael Zeichen und sagte wichtige Dinge zu mir, die ich nicht wiederholen darf. Ein uraltes Karma das zwischen ihm und mir bestand, wurde erneut. Die Tragweite dieser Begegnung wurde mir erst viele Jahre später bewusst.

Ita Wegman betonte in ihren Aufzeichnungen, dass die grundsätzlichen Differenzen zwischen Rudolf Steiner und Annie Besant bereits auf dem Münchner Kongress Thema zahlreicher Gesellschafts-Diskussionen waren – und sie selbst in gewisser Hinsicht von Annie Besant her kam *(«Ich hatte das eigenartige Erlebnis, zuerst mit Annie Besant zusammenzukommen, durch meine Beziehungen zu den holländischen Freunden [...].»)* Ob Wegman mit Besant in München eine persönliche Unterredung hatte, ist durch den Wortlaut ihre Aufzeichnungen nicht gesichert, jedoch wahrscheinlich. Die Theosophie hatte Ita Wegman jedenfalls im Osten kennen gelernt und war Annie Besant, die über eine große Ausstrahlung verfügte, bereits zu Anfang des 20. Jahrhunderts in Holland begegnet – kurz vor ihrem Berliner Besuch bei Rudolf Steiner. Darüber hinaus waren die holländischen Theosophen ganz überwiegend Besant-orientiert, was Ita Wegman in München erneut miterleben konnte. Sie selbst jedoch neigte nach den Begegnungen in Berlin und Zürich ganz offensichtlich Rudolf Steiner zu – *«Kurz darauf ließ er mich rufen.»* Aus ihren Aufzeichnungen geht nicht hervor, ob Ita Wegman in München um ein Gespräch mit Rudolf Steiner nachgesucht hatte, ob ein solches im Vorfeld des Kongresses zwischen ihr und Rudolf Steiner ausgemacht worden war – oder ob der «Ruf» Rudolf Steiners überraschend erfolgte. Die überwiegende Mehrzahl der esoterischen Schüler hatte keine Einzelunterredung mit Rudolf Steiner – der verbindliche Verbleib in der von Steiner seit Sommer 1904 geleiteten Schule galt vielmehr als individuell getroffene Entscheidung. Im Falle Ita Wegmans aber lag ganz offensichtlich eine besondere Situation vor: *«Kurz darauf ließ er mich rufen.»*

Die lebensgeschichtliche Bedeutung der von ihr zu treffenden und gegenüber Rudolf Steiner zu vertretenden Entscheidung war Ita Wegman – ihren eigenen Worten zufolge – unmittelbar deutlich *(«Ich wusste, ein entscheidender Moment meines Lebens wird stattfinden.»);* des weiteren die Tatsache, dass die getroffene Entscheidung in aller Konsequenz ver-

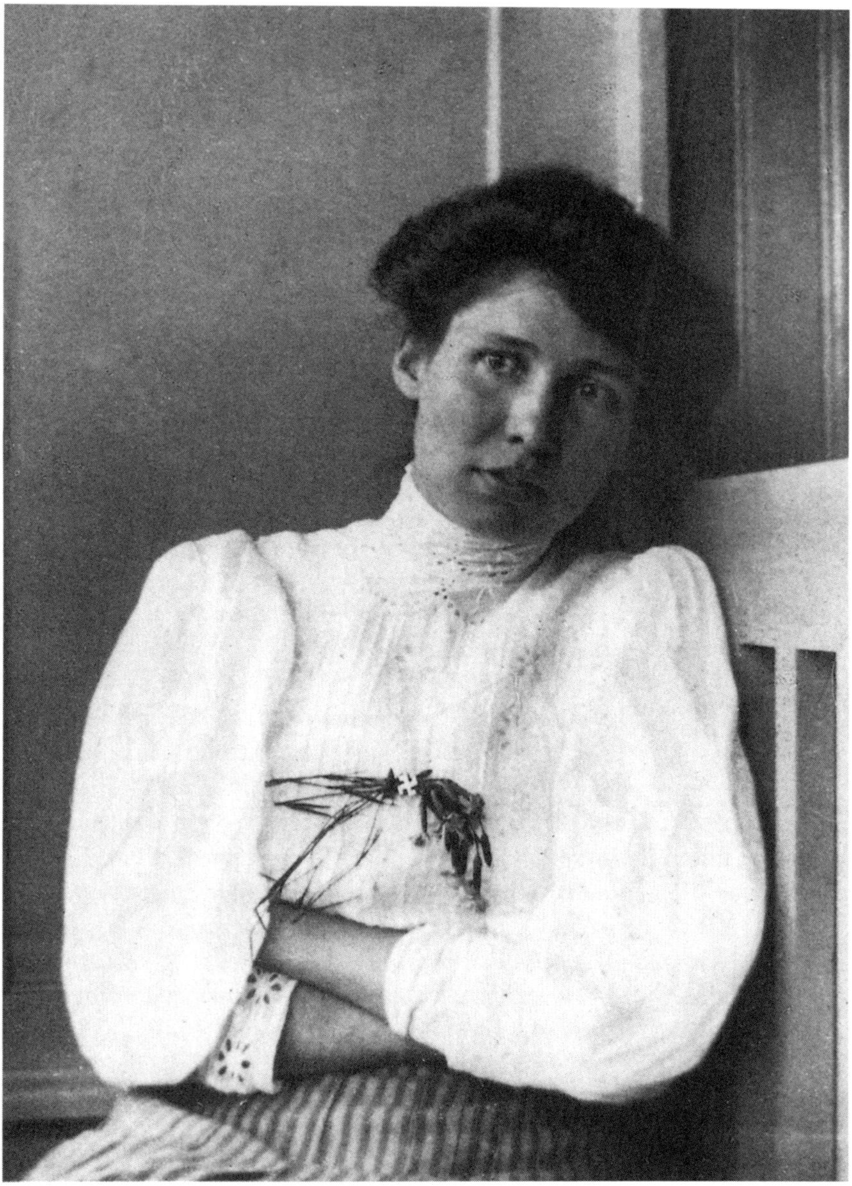

Ita Wegman

wirklicht werden musste *(«ich musste mich entscheiden, entweder voll und ganz den Weg Rudolf Steiners zu nehmen und ihm zu folgen oder bei den holländischen Freunden zu bleiben.»).* In einer anderen Notizbucheintragung schrieb Ita Wegman einmal über Rudolf Steiner:

> Ihn bejahen in seiner Lehre, in seinem Leben und in seinen Handlungen ist ihm folgen auf dem Weg, den er gegangen ist.[61]

*

«R. St. empfing mich ernst, sein Blick war fragend. Es wurde nicht viel gesprochen zwischen uns, wir verstanden uns sehr gut. Ich sagte einfach, weil ich fühlte, dass er von den Dingen wusste: «Ich bleibe bei Ihnen.»» – Wie auch in der zuvor zitierten Erinnerung an ihre Erstbegegnung mit Rudolf Steiner betonte Ita Wegman Steiners Blick[62], den sie nun als «fragend» erlebte: «Die östliche Schule wird von Mrs. Annie Besant geleitet, und wer sich in seinem Herzen mehr zu ihr hingezogen fühlt, der kann nicht länger in unserer Schule bleiben. Ein jeder prüfe genau, welchen Weg ihn die Herzenssehnsucht führt.»

Im Rückblick auf die Berliner Erstbegegnung hatte Ita Wegman hervorgehoben, sie und Rudolf Steiner hätten sich sehr gut *«verstanden»* («Wir verstanden uns sehr gut») – nun schrieb sie erneut: *«Es wurde nicht viel gesprochen zwischen uns, wir verstanden uns sehr gut.»* Möglicherweise war das Münchner Gespräch zwischen Rudolf Steiner und Ita Wegman nicht allzu lang, und hatte anfänglich den Charakter einer Mitteilung von Seiten Ita Wegmans: *«Ich sagte einfach, weil ich fühlte, dass er von den Dingen wusste: «Ich bleibe bei Ihnen.»* – Obwohl Ita Wegman in gewisser Hinsicht von Annie Besant zu Rudolf Steiner gekommen war – *und* ein orientalisches «Herkommen» hatte – wählte sie die Formulierung des «Bleibens» bei Rudolf Steiner, damit aber des (bejahenden) Fort- und Weiterführens eines schon zuvor Bestehenden. Ob Ita Wegman dabei ihr Erlebnis der Esoterischen Stunde von Berlin konkret vor Augen stand (*«Rudolf Steiner war mein Lehrer, ist mein Lehrer und wird in der Zukunft mein Lehrer sein.»)*, ist nicht bekannt. Da Rudolf Steiner aber um «diese Dinge» und um vieles andere wusste, was sie bewegte, fiel Ita Wegmans «Antwort» denkbar «einfach» aus, wie sie selbst betonte. *«Ich bleibe bei Ihnen.»*

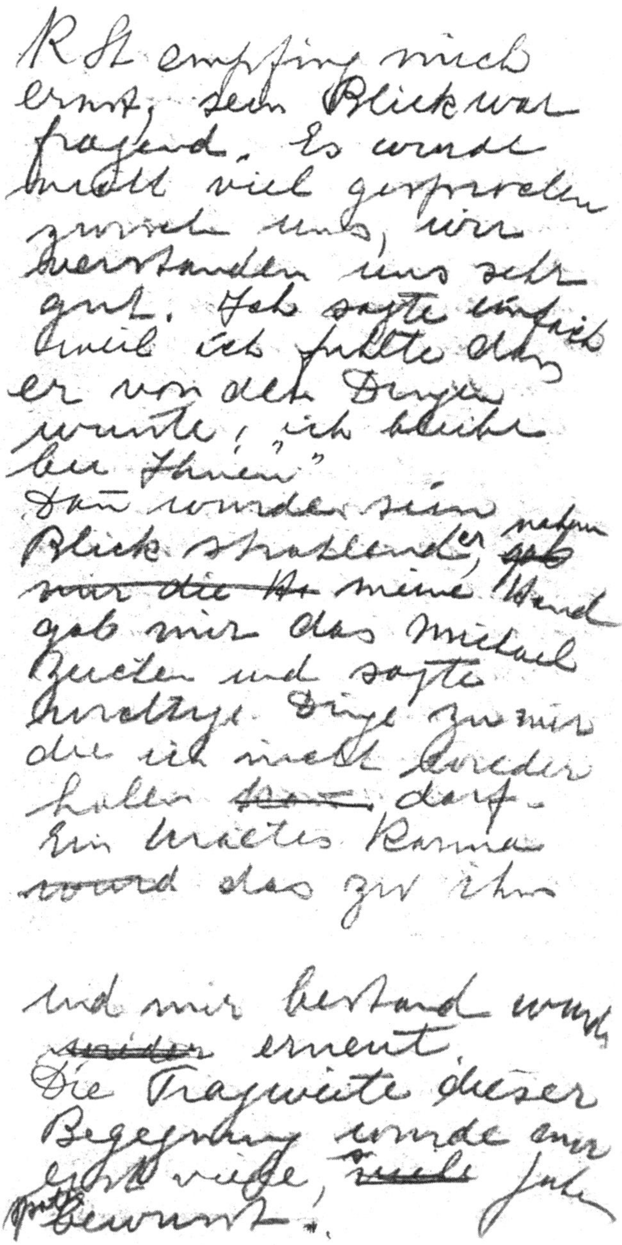

R St empfing mich ernst, sein Blick war fragend. Es wurde nicht viel gesprochen zwischen uns, wir verstanden uns sehr gut. Ich sagte einfach weil ich fühlte daß er von den Dingen wußte; „ich bleibe bei Ihnen". Dann wurde sein Blick strahlend, er nahm ~~gab mir die H~~ meine Hand gab mir das Michael Zeichen und sagte gewaltige Dinge zu mir die ich nicht wiederholen ~~kann~~ darf. Ein uraltes Karma ~~wurd~~ das zw ihm und mir bestand wurde ~~wieder~~ erneut. Die Tragweite dieser Begegnung wurde mir erst viele, ~~viele~~ Jahre später bewußt.

Notizbucheintrag Ita Wegmans (1933)

Welches Gewicht diese Entscheidung ganz offensichtlich für Rudolf Steiner hatte, deutete das Ende von Wegmans kurzen Aufzeichnungen an: *«Dann wurde sein Blick strahlend, er nahm meine Hand, gab mir das Michael Zeichen und sagte wichtige Dinge zu mir, die ich nicht wiederholen darf. Ein uraltes Karma das zwischen ihm und mir bestand, wurde erneut.»* Rudolf Steiner Blick wurde «strahlend», er nahm Ita Wegmans Hand und gab ihr das «Michael Zeichen» – in keiner anderen Aufzeichnung aus dieser Zeit ist von Rudolf Steiners Gebrauch des «Michael Zeichen» die Rede, das erst mit der Begründung der ersten Klasse der Dornacher Hochschule – und innerhalb der Klasse erst im Herbst 1924 – von ihm verwendet wurde.[63] – Rudolf Steiner, so Ita Wegman weiter, habe ihr in München wesentliche, nicht weiter kommunizierbare Mitteilungen gemacht[64], in einem dialogischen Beziehungsgeschehen, das reale Schicksalskräfte berücksichtigte und ansprach: *«Ein uraltes Karma das zwischen ihm und mir bestand, wurde erneut.»*[65] Diesen Vergangenheits-, Gegenwarts- und Zukunftscharakter ihrer Beziehung zu Rudolf Steiner hatte Ita Wegman im Vollzug der Esoterischen Stunde in Berlin zwei Jahre zuvor erstmals ahnend empfunden: *«Rudolf Steiner war mein Lehrer, ist mein Lehrer und wird in der Zukunft mein Lehrer sein.»*

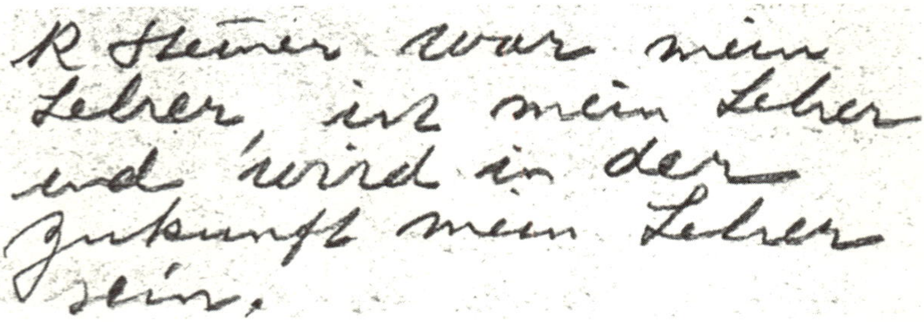

*

Den spirituellen Inhalt, die Dynamik und die schicksalhafte Bedeutung der Münchner Begegnung musste Ita Wegman nach eigenem Zeugnis dann jedoch für Jahre «in sich versinken lassen», um ihren Studien- und Berufsweg überhaupt weiterführen zu können.[66] Dennoch war in München ganz offensichtlich etwas Wesentliches in schwieriger Zeit geschehen: *«Dann wurde sein Blick strahlend.»*[67] Im Spätherbst des Jahres 1907 begann Rudolf Steiner im Kreis seiner esoterischen Schüler damit, die Michaels-Geheimnisse schrittweise zu entfalten, und sprach am 9. Oktober in Berlin erstmals von der im Herbst 1879, vor vier Jahrsiebten, angebrochenen Michaels-Epoche, im Zusammenhang einer Ausführung über Christian Rosenkreutz.[68] Auch die christologische Vortragstätigkeit wurde in den folgenden Jahren zu einer einzigartigen Höhe ausgebaut[69] – im Sinne des kommenden ätherischen Christus, einem anbrechenden, geistigen Ereignis, dem die Rosenkreuzerströmung seit vielen Jahrhunderten entgegengelebt hatte und um dessen große Zukunftsbedeutung – auch in sozialer Hinsicht – sie wusste.

*

III. *«Jubiliert hat die geistige Welt»*

Die späte Wiederbegegnung und Zusammenarbeit
Dornach, 1923–1925

Penmaenmawr Karma
Vollständig geoffenbart
Seelisches Element
Verständnis meiner Seite
Jubiliert hat die geistige
Welt sagte er
So war der nächste
Schritt in der phys. W[elt]
es sich verbinden
von Dr. mit der
[Anthroposophischen] Gesellschaft
Eine Blüte sollte
daraus entstehen
Esoterik noch mehr
und mehr Esoterik
Mysterien erneuerung
Offenbarung des
ganzen Karma

Ita Wegman, Notizbuch (1925)[70]

Sie [Ita Wegman] wollte nicht nur anknüpfen an das Alte, sondern sie stellte an mich die entscheidende Parzivalfrage nach der neuen Esoterik. Allein durch diese so gestellte Frage wurde es ermöglicht, die Michaelschule auf Erden einzurichten. In dieser Schule liegt der Kern des Zukünftigen als Möglichkeit.

Rudolf Steiner[71]

Ita Wegman verlor Rudolf Steiner in den Jahren, die auf den Münchner Kongress folgten, nicht mehr aus den Augen – sie blieb seine esoterische Schülerin, bereitete sich auf ihre Berufstätigkeit als anthroposophische Ärztin vor und verfolgte alle Schritte Rudolf Steiners aus der Ferne, aber mit höchster Aufmerksamkeit, darunter seine christologischen Vortragszyklen («Die ganze esoterische Christologie wurde in der Schweiz gegeben wie eine Vorbereitung für die nächste Arbeit, die von Dornach ausgehen sollte.» Ita Wegman[72]), die Münchner Mysteriendramen, die Gründung des Johannesbau-Vereins und der Anthroposophischen Gesellschaft – später dann den Bau des Dornacher Goetheanum und die in den Nachkriegsjahren von Rudolf Steiner geförderten Entwicklungen in sozialer, wissenschaftlicher, künstlerischer und religiöser Hinsicht. Im Sommer 1921 eröffnete Ita Wegman in der unmittelbaren Nähe des Dornacher Goetheanum eine erste anthroposophische Klinik in der Schweiz, in *«werktätiger Erkenntnis»* und mit Unterstützung Rudolf Steiners, der sie unter anderem in Patientenkasuistiken und Heilmittelfragen beriet.[73] Ita Wegmans Begegnungen mit Rudolf Steiner – im Arlesheimer Klinisch-therapeutischen Institut oder bei anthroposophischen Kursen am Goetheanum – waren herzlich und von gegenseitigem Verständnis getragen; in all den Jahren aber wiesen sie nie mehr die existentielle oder schicksalhafte Nähe und Tiefe des Gespräches von Ende Mai 1907 vor, dessen Inhalt Ita Wegman nahezu vergessen hatte[74]. Esoterische Stunden, in denen Ita Wegman Rudolf Steiner erneut als einen spirituellen Lehrer – in mantrisch-kultischer Form – hätte erleben können, fanden bereits seit 1914 nicht mehr statt. «Ich musste alles erst in mir versinken lassen.»

Eine zukunftsbetonte Wende inmitten der Zerstörung, die für Ita Wegman zugleich eine persönliche Wiederannäherung an Rudolf Steiner bedeutete, war dann jedoch mit dem Brand des Dornacher Goetheanum in der Silvesternacht 1922/23 verbunden. Bereits eine Woche vor diesem katastrophalen Geschehen war Ita Wegman in einem Hügel-Gespräch mit Rudolf Steiner deutlich geworden, in welcher Lage sich Rudolf Steiner und die anthroposophische Bewegung mittlerweile befand. Das vorausgehende Jahr 1922 war in vieler Hinsicht ein Krisenjahr der Anthroposophischen Gesellschaft gewesen und hatte das weitläufige Versagen eines Sozialzusammenhanges zum Vorschein gebracht, dessen Aufgabe es war, Rudolf Steiner und die Anthroposophie aktiv zu vertreten und zu schützen.[75] Es fehle, so Rudolf Steiner gegenüber Ita Wegman und Albert Steffen – der bei der Unterredung kurz vor Weihnachten 1922 ebenfalls zugegen war –, unter den Mitgliedern der Anthroposophischen Gesellschaft die wirkliche «*Bejahung des Geistes*» und der «*Mut*» zu ihm. Nur wenige Menschen seien in dieser Gesellschaft dazu bereit, unbeirrt von allen Anfeindungen und Angriffen des Materialismus kompromisslos für Spirituelles einzutreten ... Diese überraschend deutlich, ja fast verzweifelt klingenden Worte Rudolf Steiners nahm sich Ita Wegman in ihrem positiven Aufforderungscharakter unmittelbar zu Herzen: «*Da entstand bei mir der Impuls tief im Herzen dieses zu tun.*»[76]

Am frühen Morgen nach dem Brand, der zehn Tage nach dem Gespräch mit Rudolf Steiner stattfand, den Untergang des in München intendierten Mysterientempels bedeutete und das tragische Scheitern der Anthroposophischen Gesellschaft urbildlich zum Ausdruck brachte, ging Ita Wegman dann sehr bewusst auf Steiner zu. Unveröffentlichten autobiographischen Aufzeichnungen Hilma Walters zufolge hatte Ita Wegman die Brandnacht am Dornacher Hügel gemeinsam mit Walter verbracht, der ihr treu verbundenen Ärztin, die eine tiefe Beziehung zu Ephesus in sich trug:

> Vor meiner Erinnerung steht, wie Frau Dr. Wegman und ich in der Brandnacht lange wortlos vor dem Tore der Schreinerei sitzend dem allmählichen Umstürzen der brennenden Säulen zuschauten.
>
> Als wir dann schließlich beim Morgengrauen den Heimweg antraten, begegneten wir nach wenigen Schritten Dr. Steiner. Er war allein, von unten kommend auf dem Wege zur Schreinerei. An bei dieser Begegnung gesprochene Worte erinnere ich mich nicht. (Hilma Walter)[77]

Ita Wegman aber betonte, in dieser Situation auf Rudolf Steiner *(«er war allein»)* zugegangen zu sein:

> Ich wagte mich mit Demut an ihn heran und konnte nur die Worte sprechen, es ist schrecklich für uns. «Ja, sagte er, jetzt ist alles im Weltenäther aufgeschrieben».[78]

Im Unterschied zu Rudolf Steiner[79] berichtete Ita Wegman lebenslang nicht über ihre geistigen Erlebnisse in der Brandnacht.[80] Nach Madeleine van Deventer, die ihr nahe stand, aber fasste Ita Wegman in dieser Nacht den definitiven Entschluss, sich Rudolf Steiner und seinen Aufgaben restlos zur Verfügung zu stellen, in Überwindung ihres ausgeprägten Eigenwillens («Sie hatte immer einen starken Unabhängigkeitswillen, wollte alles aus eigener Kraft zustande bringen. Von jetzt ab konnte sie sich restlos Rudolf Steiner zur Verfügung stellen.» Deventer[81]) Über eineinhalb Jahrzehnte zuvor hatte Ita Wegman Rudolf Steiner zugesagt, bei ihm «bleiben», d.h. ganz mit ihm gehen beziehungsweise ihm nachzufolgen zu wollen *(«ich musste mich entscheiden, entweder voll und ganz den Weg Rudolf Steiners zu nehmen und ihm zu folgen oder bei den holländischen Freunden zu bleiben.»)* Nun, angesichts der miterlebten Not *(«er war allein»)*, und in der Nacht der Zerstörung erneuerte und bekräftigte sie diese 1907 getroffene Entscheidung, auch wenn sie die Münchner Situation dabei sehr wahrscheinlich nicht im Bewusstsein hatte («die Tragweite dieser [Münchner] Begegnung wurde mir erst viele Jahre später bewusst.»[82])

Vieles spricht dafür, dass Ita Wegman in den frühen Morgenstunden nach der Brandnacht bei Rudolf Steiner verblieb («Ich sah [...] während der Nacht öfter Ita Wegman, einmal wie sie – in späterem Stadium – neben Rudolf Steiner stand und beide in das gewaltige Feuermeer schauten.» Madeleine van Deventer[83]) Nach van Deventer verbrachten Rudolf Steiner und Ita Wegman die Morgenstunden von 5 Uhr bis 8 Uhr im kleinen Finkh-Häuschen in der unmittelbaren Nähe des Brandes, ehe sie dann gemeinsam wieder in der Schreinerei erschienen und Rudolf Steiner zu einigen jüngeren Mitgliedern sprach.[84] Sehr wahrscheinlich hatte Steiner die Nachtstunden im wesentlichen an der Seite Edith Maryons gestanden (nach Sofie Bauer ebenfalls langezeit im Finkh-Häuschen[85]), seiner Mitarbeiterin an der Christus-Plastik und eine der wesentlichsten Persönlichkeiten seines Lebens. Die Unterstützung und die helfende Kraft Ita Wegmans zur Zeit des beginnenden Tages aber war Rudolf Steiner wichtig, am Ausgang der Bau-Zerstörung, die die Todeskrankheit Edith Maryons mit sich brachte.[86]

*

Ita Wegman kümmerte sich nach dem 1. Januar 1923 nicht nur mit einer kleinen Gruppe initiativer Menschen um die finanzielle Ermöglichung des zweiten Goetheanum-Baues (durch eine breit angelegte Spendenaktion), sondern sehr direkt auch um Rudolf Steiner selbst. Viele Menschen in Rudolf Steiners unmittelbarer Umgebung erlebten die Veränderung, die

Steiner in der zerstörenden Brandnacht durchlaufen hatte – sie erlebten seinen schwer gewordenen Gang, den Verlust der früheren Leichtigkeit, Anmut und bewegten Eleganz.[87] Der Ärztin Ita Wegman, die sich nun auch medizinisch um ihn kümmerte, aber beschrieb Rudolf Steiner den erfahrenen Angriff auf seinen Lebensorganismus[88] und die weitgehende Loslösung seiner höheren Wesensglieder im Einzelnen; ihr gegenüber gebrauchte Rudolf Steiner den Begriff des «Leichnams» im Hinblick auf seine konstitutionelle Verfassung («*Im Vergleich zu anderen Menschen bin ich auf Erden eigentlich schon gestorben,* war öfter sein Ausspruch»[89]), und bezeichnete damit die eingetretene physisch-ätherische Dissoziation, die er nur mit Hilfe großer Willenskräfte und hoher geistiger Fähigkeiten weitgehend kompensieren konnte– *«mein Ich und mein Astralleib dirigieren [nun] den physischen Leib und ergänzen das Ätherische.»*[90] Ohne Zweifel versuchte Ita Wegman von nun an mit all ihren Kräften, Rudolf Steiner in diesem schwierigen Prozess beizustehen – was ihr auch für einige Zeit gelang und dazu beitrug, dass Rudolf Steiner seine Arbeit weiter und in gesteigerter Form fortsetzen konnte.[91]

Der Brand des ersten Goetheanum, 31.12.1922

Was in den auf den Brand folgenden Monaten im Einzelnen zwischen Rudolf Steiner und Ita Wegman – und *in* Ita Wegman – geschah, entzieht sich der geschichtlichen Kenntnis nahezu vollständig. Wegmans rückblickender Notizbuchsatz aus dem Jahre 1925: *«Einige Monate nach dem Brand wurden mir geoffenbart die karmischen Zusammenhänge, die zwischen Dr. und mir lagen»*[92], eröffnet weder eine genaue Zeitbestimmung, noch den Modus der geistigen «Offenbarung». Ita Wegmans Biograph Emanuel Zeylmans vermutete, dass Wegman am 27. Mai 1923 im Verlauf einer Esoterischen Stunde, die Rudolf Steiner vor einem kleinen Kreis von Menschen in seiner Privatwohnung hielt[93] und in der er u.a. eine große Vokalübung aus dem Mysterienzusammenhang von Ephesus sprach, für ihren ephesischen Schicksalshintergrund «erwachte» [94]; sie selbst hat darüber jedoch nichts überliefert. Dennoch erlebte sie Rudolf Steiner, fünf Monate nach dem Brand und ihrer Begegnung zum Zeitpunkt des anbrechenden Tages, nun erstmals wieder als einen – oder *ihren* – esoterischen Lehrer. «Im Ich erwache: Du bist in deinem / eignen Geistes-Wesen.» (265, 477)

Ita Wegman und Rudolf Steiner sahen sich in der ersten Hälfte des Jahres 1923 häufig, in der Arlesheimer Klinik, am Goetheanum und an anderen Orten. Die bei diesen Gelegenheiten vertraulich geführten Unterhaltungen wurden – im Unterschied zu der Münchner Begegnung – jedoch nie dokumentiert. Lediglich über ein zentrales Gespräch oder mehrere Begegnungen, die Ende August/Anfang September im walisischen Penmaenmawr – in besonderer Landschaft und Atmosphäre[95] – stattfanden, notierte Ita Wegman nach dem Tod Rudolf Steiners einige wenige – in sich jedoch fundamentale – Zeilen:

Penmaenmawr Karma
vollständig geoffenbart
Seelisches Element
Verständnis meiner Seite
Jubiliert hat die geistige
Welt sagte er[96]

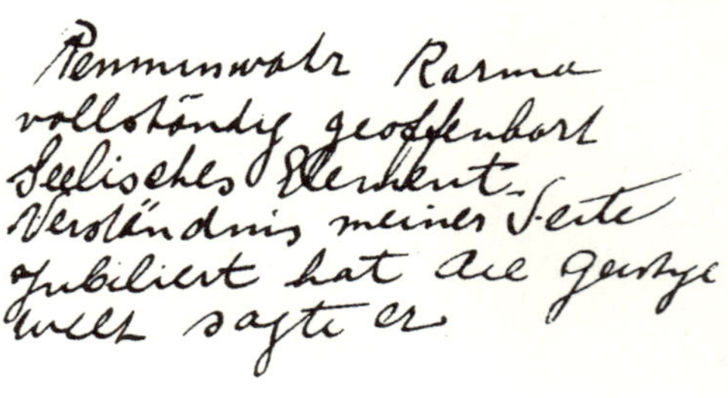

Über Ita Wegmans Penmaenmawr-Begegnung mit Rudolf Steiner und über die zitierte Notizbucheintragung schrieb Emanuel Zeylmans (unter Bezugnahme auf eine weitere Erinnerungsnotiz Wegmans): «In diesen Tagen [von Penmaenmawr] hatte Ita Wegman einige Male ein Gespräch mit ihm [Rudolf Steiner]. Sie fragte, ob er das Mysterienprinzip in der Medizin nicht mehr in den Vordergrund stellen könnte? Warum er die medizinischen Kurse bisher so intellektuell gehalten habe? ‹Ich möchte eine Medizin haben, wie es während der Zeit der Mysterien war.› Bei diesen Gesprächen kam ihr wiederum, diesmal aber noch intensiver als früher, zu Bewusstsein, wie sie in langvergangener Zeit schon mit diesem Menschen zusammen gewesen war. Während sie die Frage nach der Mysterienmedizin stellte – und vielleicht gerade weil sie sie so, wie sie es tat, formulierte – hatte sie eine Intuition, die sie [gleichsam][97] in die Worte fasste: ‹Wir kennen uns seit langem, du warst schon in alten Zeiten mein Lehrer.› Rudolf Steiner bestätigte ihr diese Ahnung, die sie schon beim Brand des Goetheanums gehabt hatte und die in den Monaten danach immer mehr zur Gewissheit geworden war. Zugleich erfuhr er, dass ein anthroposophischer Arzt ihn bitte, die okkulte Quelle der anthroposophischen Medizin zu enthüllen. Er antwortete ihr: ‹Die Mysterienmedizin soll wieder aufleben.› Wie er das gestalten wollte, sagte er ihr noch nicht, aber er begann nun, ihr die Schicksalswege zu beschreiben, die sie in früheren Inkarnationen gemeinsam gegangen waren.»[98] – Ob sich die Unterredung in Penmaenmawr wirklich in der von Emanuel Zeylmans beschriebenen Weise zutrug, ist im Grunde vollkommen unbekannt. Lediglich ihre Frage nach der Mysterienmedizin und die entsprechende Antwort Steiners wurde von Ita Wegman – auf eine Aufforderung Ernst Martis hin – elf Jahre nach Penmaenmawr (1934) in ihrem Notizbuch dokumentiert. Wegman schrieb in dieser (vortragsvorbereitenden) Eintragung jedoch explizit, sie habe diese Frage Rudolf Steiner *nach* der Sommerschule von Penmaenmawr gestellt[99]; in ihren weiteren Notizen hieß es dann im Hinblick auf den mit Rudolf Steiner geführten Dialog: «Warum wird das Mysterienhafte in der Medizin nicht mehr auf den Vordergrund gesetzt und in eine Form gegossen? Warum müssen die med. Kurse so intellektuell gegeben werden? Dass musste so sein, sagt Dr. Steiner, weil die Bedingungen für das andere noch nicht da sind. Dass Sie diese Fragen stellen ist wesentlich.»[100] Ob das von Ita Wegman 1934 erinnerte und dokumentierte medizinische Gespräch sich wirklich noch in Penmaenmawr – *nach* Beendigung der Sommerschule und unmittelbar vor dem Aufbruch nach London – ereignete (was eher unwahrscheinlich ist[101]), oder aber vielmehr in London selbst (wo Rudolf Steiner am 2. und 3. September Vorträge vor Ärzten hielt, mit Ita Wegman Patienten sah und medizinische Besprechungen durchführte[102]), muss als historisch ungeklärt gelten – desweiteren, ob der von Emanuel Zeylmans beschriebene Zusammenhang zwischen Ita Wegmans medizinischer Frage und dem Notizbucheintrag von 1925: *«Penmaenmawr Karma / vollständig geoffenbart / Seelisches Element / Verständnis meiner Seite / Jubiliert hat die geistige / Welt sagte er»* tatsächlich in dieser Weise existierte («Während sie die Frage nach der Mysterienmedizin stellte – und vielleicht gerade weil sie sie so, wie sie es tat, formulierte – hatte sie eine Intuition, die sie [gleichsam] in die Worte fasste: ‹Wir kennen uns seit langem, du warst schon in alten Zeiten mein Lehrer.›» Zeylmans). Der reale Vollzug der von Ita Wegman angedeuteten Schicksalserfahrung von Penmaenmawr («Karma vollständig geoffenbart») wurde von ihr nie im einzelnen preisgegeben; ob Wegman zu dieser Zeit konkrete eigene Einsichten in ihren Schicksalsgang hatte[103] und ob sie darüber hinaus den von Emanuel Zeylmans angeführten bzw. formulierten Satz «Wir kennen uns seit langem, du warst schon in alten Zeiten mein Lehrer» zu Rudolf Steiner je sagte, ist nicht bekannt.[104] Manches spricht dafür, dass Ita Wegmans zweimalige Sprachwendung von der karmischen «Offenbarung» (*«Einige Monate nach dem Brand wurden mir geoffenbart die karmischen Zusammenhänge, die zwischen Dr. und mir lagen» / «Penmaenmawr Karma vollständig geoffenbart»)* im engeren Sinne die ihr von Rudolf Steiner eröffnete, d.h. persönlich mitgeteilte («geoffenbarte») Schicksals-Einsicht bedeutete, eine – *seine* – Erkenntnis, die sie seelisch bejahend aufgreifen konnte («Seelisches Element / Verständnis meiner Seite»).[105] *«Ein uraltes Karma das zwischen ihm und mir bestand, wurde erneut»,* hatte Ita Wegman bereits über die Münchner Begegnung festgehalten, im Zusammenhang mit ihrer Entscheidung für den Weg Rudolf Steiners und seiner ausgedrückten Freude: «Dann wurde sein Blick strahlend ...» Nun schrieb sie auf: *«Jubiliert hat die geistige / Welt sagte er.»*

Auch wenn die entsprechenden Gesprächseinzelheiten und -umstände nicht im einzelnen bekannt sind, so steht doch außer Zweifel, dass Ita Wegman in Penmaenmawr geistig tiefgehende und folgenreiche Begegnungen mit Rudolf Steiner hatte. Indirekt deutete Wegman diese Begegnungen und Gespräche in einem längeren Aufsatz über die Sommerschulen von Penmaenmawr und Torquay auch selber an, unter vollständigem Schutz ihres persönlichen Gehaltes:

> Anders konnte da [in Penmaenmawr und Torquay] geredet werden als in anderen Gegenden; es war, als ob das Verständnis für die geistige Welt ein offeneres wäre, als ob die Zuhörer, auch wenn sie aus anderen Gegenden herkamen, mehr Möglichkeiten bekommen hätten, zu horchen auf die feineren Regungen, die von überall her aus der Natur ihnen entgegen tönten, empfindungsgemäß mitzusteigen in die Regionen des Geistig-Seelischen. Und jeder, der das Glück gehabt hat, in dieser Zeit ein oder mehrere Gespräche mit Rudolf Steiner zu führen, wird wissen, wie etwas Besonderes da noch mitgeklungen hat, etwas, was mit in der Atmosphäre lag und den Gesprächen eine besondere Note gab. Uralte Weisheit, uralte Tradition umschwebten die Gegend, und es war, als ob aus dem tiefen Schlaf – und viele Freunde, die da waren, konnten das mitempfinden – diese Urweisheit erweckt würde durch gesprochene Worte Rudolf Steiners. Das Anthroposophische bekam dadurch einen noch tieferen Glanz, als es schon hatte. Das Leben und Weben des Geistigen innerhalb des Physischen, von dem die Anthroposophie lehrt, wurde inniger empfunden. Man fühlte sich dem Geistigen näher ...[106]

Auch Rudolf Steiner sprach sich wiederholt über die besondere Atmosphäre von Penmaenmawr aus; er schrieb in Briefen an die erkrankte Edith Maryon nach Dornach, dass er in Penmaenmawr «rein anthroposophisch» sprechen könne (263/1, 143), in Vorträgen, die «auf ganz Esoterisches» eingehen würden (263/1, 144) – und sehr berührt von der Landschaft und ihren Druiden-Erinnerungen sei («dass überall einen anblickt die geistige Denkmalschaft des alten Druidentums; das gibt eine ganz esoterische Atmosphäre»: 263/1, 144) – *«Alles ist hier voll von Druiden Erinnerungen, in die sich das allermodernste seltsam kontrastierend hineinstellt. [...] Es war mir wichtig, auch einmal vor Druiden-Erinnerungen physisch gestanden zu haben»*, teilte Rudolf Steiner am 27. August Edith Maryon mit, um ihr zwei Tage später detailliert von dem Besuch eines Druidenzirkel auf den Bergen zu berichten («Das Stehen bei den Druidenheiligtümern, wo vor so vielen Jahren Leute die geistigen Angelegenheiten besorgt haben, war mir sehr bedeutsam.» 263/1, 154) Über seinen entsprechenden Gang mit Rudolf Steiner auf die Hochebene der Berge, wo sich Druidenzirkel befanden, schrieb Guenther Wachsmuth, der Steiner begleitete, Jahrzehnte später:

> Trotz seiner 62 Jahre stieg er rasch und rüstig bergan. Der geistigen Atmosphäre des Ortes gemäß konzentrierte sich das Gespräch auf die Mysterien der Druiden und ihres Gegenpols in Europa, des Mithrasdienstes, den der Süden den nordischen Mysterien gegenüberstellte. [...] Stetig und unermüdlich bergauf steigend deutete mir Rudolf Steiner [...] im Gespräch die große Antithese des Druiden- und Mithraskultus, der nordischen und südlichen Mysterien Europas, wie sich die vom Norden, von Irland ausstrahlende geistige Strömung mit der aus dem Süden in der Mitte begegnete, wovon auch die Mysterienstätten im Donaugebiet Zeugnis ablegen, und wie dann beiden im aufkommenden Christentum ihr Schicksal fanden. Als wir auf den Klippen hoch oben über Penmaenmawr angekommen waren, lag nun vor uns der einsame Kreis der von Felsspitzen umrandeten Hochebene, in deren Mitte die gewaltigen Steinzeichen des Druidenzirkels standen. Es war ein Augenblick im Leben, dessen Erinnerung immer lebendig bleibt, ein einzigartig seltsames Bild, als nun Rudolf Steiner in der Einsamkeit dieser Hochebene in die Mitte des Druidenkreises trat. Er forderte mich auf, über die ragenden Steine des Zirkels die Spitzen der die Hochebene umschließenden Bergkuppen anzuvisieren, und schilderte mit einer Intensität der Rückschau, wie wenn sich dies im Augenblick vollzöge, wie einst die Druidenpriester durch dieses Anvisieren der am Horizont im Jahreslauf vorbeiwandernden Sternbilder den Geistkosmos, die darin wirkenden Wesenheiten und ihren Auftrag an die Menschen erlebten. Er erzählte, wie sie die Weihefeste und Kulte des Jahres nach diesen kosmischen Rhythmen gestalteten und ihre priesterlichen Weisungen an die Angehörigen ihrer Gemeinde gaben; wie das Geschehen der Jahreszeiten sich geistig im Kultus, physisch bis in die Handhabung der landwirtschaftlichen Arbeit spiegeln müsse. Er sprach vom Sonnen- und Schattenerlebnis in der inneren Steinkammer der alten Weihestätte und von der Ausbreitung der dort erhaltenen Schauungen und Impulse in die Weiten des Erdenkreises.[107]

In der Nähe dieser Stätte hielt Rudolf Steiner seine Penmaenmawr-Vorträge, um deren spirituellen Inhalt ihn D.N. Dunlop gebeten hatte, was von Rudolf Steiner freudig aufgegriffen worden war: «Denn es wird mir gerade dadurch die Möglichkeit geboten sein, dasjenige, was Anthroposophie gerade in bezug auf die Gegenwart und wohl auch die nächste Zukunft zu sagen hat, anzuknüpfen an die ältesten Weistümer und das älteste Geistesleben der Menschheit.» (Eröffnungsvortrag; 227, 23) In dieser *«elementar esoterischen Stimmung»* von Penmaenmawr (227, 159) und eines Kurses, den Rudolf Steiner am 31. August mit einer eingehenden Betrachtung des Christus-Ereignisses im Kontext der Mysteriengeschichte in der Vergangenheit, Gegenwart und Zukunft – auch im Hinblick auf die Heilung der Menschheit – beschloss (*«Durch das Mysterium von Golgatha trat die große umfassende Heilung ein.»* 227, 248), fanden die Gespräche mit Ita Wegman statt. Wie andeutend mit Wachsmuth, aber mit anderer Akzentuierung, sprach Rudolf Steiner sehr wahrscheinlich auch mit Ita Wegman über das alte und neue Mysterienwesen und seine Bedeutung für die «Heilung» der Zivilisation in der Landwirtschaft, Pädagogik und Medizin. Seine Penmaenmawr-Vorträge beendete Rudolf Steiner mit den Sätzen:

> Wenn wir hinaufgehen auf die Berge und die Druidensteine finden, die Denkmäler jenes Geiststrebens der alten Zeit, dann kann es uns eine Mahnung sein, wie die Sehnsuchten jener Alten, nach dem Geiste Strebenden, die in ihrer Weise auf den kommenden Christus hinschauten, erst dann ihre Erfüllung finden werden, wenn wir wiederum eine Geisteserkenntnis haben durch eine Geistesschau, durch die wir in unserer Art den kommenden Christus schauen werden, der wiederkommen muss, weil er erst wiederum von der Menschheit erkannt werden muss in Geistgestalt, wie er einmal in Leibesgestalt durch das Mysterium von Golgatha durchgegangen ist.
>
> Das ist etwas, was man besonders hier an dieser Stätte, wo so herrliche alte Denkmäler erhalten sind, lebhaft empfindet. (227, 298)

Manches spricht dafür, dass Ita Wegman Rudolf Steiner im Kontext ihrer Gespräche keineswegs nur um einen anderen Duktus der anthroposophisch-medizinischen Unterweisung, sondern um die fundamentale Begründung eines neuen Mysterienwesens im Sinne des *«kommenden Christus»* bat. Zu Ludwig Graf Polzer Hoditz sagte Rudolf Steiner im

Penmaenmawr (Nachlass Ita Wegmans)

Hinblick auf die Begründung der Dornacher Hochschule und ihrer esoterischen Klasse, die wenige Monate nach Penmaenmawr stattfand:

> Sie [Ita Wegman] wollte nicht nur anknüpfen an das Alte, sondern sie stellte an mich die entscheidende Parzivalfrage nach der neuen Esoterik. Allein durch diese so gestellte Frage wurde es ermöglicht, die Michaelschule auf Erden einzurichten. In dieser Schule liegt der Kern des Zukünftigen als Möglichkeit.[108]

Die anthroposophischen Mediziner baten Ita Wegman 1934 um Aufklärung darüber, worin der Begriff der Mysterienmedizin bestehe und woher er sich begründe – und erhielten Ita Wegmans erinnernde Schilderung, die auf die Zeit unmittelbar «*nach*» Penmaenmawr Bezug nahm. Die von Ita Wegman sehr wahrscheinlich in Penmaenmawr im Verlauf der Schicksals- und Mysteriengespräche an Rudolf Steiner gestellte Frage – oder die durch sie an Rudolf Steiner herangetragene Bitte – aber ging ganz offenbar über die Medizin (als *techné iatrike* im engeren Sinne) hinaus und betraf in umfassender Weise das *heilende* Zentrum der christlichen Zukunftsaufgabe («Das natürliche Leben der Menschen vom fünften nachatlantischen Zeitraum an ist [...] eine Art fortwährenden langsamen Erkrankens. Alle Erziehung, alle Kultureinflüsse müssen darauf hinwirken, gesund zu machen. Das ist gewissermaßen die erste, wahre Impulsivität des Christus-Impulses: die Heilung. Der Heiland, der Heilende zu sein, dazu ist er ganz besonders berufen im fünften nachatlantischen Zeitraume. Die anderen Formen des Christus-Impulses müssen im Hintergrunde sein.» 186, 122) Ita Wegmans Frage oder ihre sehnsuchtsvolle Bitte um die neuen, christlichen Mysterien war für Rudolf Steiners weitere Arbeit ohne Zweifel von entscheidender, wegeröffnender Bedeutung – und damit der Initialfrage Marie von Sivers' vergleichbar, die zur Zeit der Jahrhundertwende den Beginn von Rudolf Steiners theosophischer Vortragstätigkeit ermöglicht hatte.[109] Die Initiative zur esoterischen Michaelsschule, so Rudolf Steiner zu Polzer-Hoditz, sei konkret von Ita Wegman ausgegangen.[110]

*

Bereits kurz nach seiner Rückkehr aus Penmaenmawr begann Rudolf Steiner, Voraussetzungen für eine künftige Antwort auf die von Ita Wegman an ihn gestellte Frage zu formulieren – er intensivierte seine Vorträge über die Inhalte des alten Mysterienwesens, deren Thematik bereits vor Penmaenmawr wiederholt angeklungen war, nun jedoch an Dynamik und Detailliertheit gewann. [111] In Wien, wohin Rudolf Steiner Anfang Oktober reiste, den rosenkreuzerisch-michaelischen Vortragszyklus *Anthroposophie und das menschliche Gemüt* in zukunftsbetonter Ausrichtung gab und in enger Abstimmung mit Wegman Weichen für die künftige medizinische Arbeit stellte[112], hielt er im Beisein Ita Wegmans «eine esoterische Rosenkreuzerstunde, mit mantrischem Beginn und Schluss, wie später in der Ersten Klasse [der Michaelsschule].»[113] – In Dornach arbeitete Rudolf Steiner dagegen mit Ita Wegman intensiv in der Klinik und an einem medizinischen Lehrbuch, das – so Steiner – «frank und frei» vom demjenigen sprechen sollte, «was die okkulte Erkenntnis der Medizin geben kann» (260a, 489) – im Sinne der modernen, christlich-rosenkreuzerischen Spiritualität, die aus geistiger Erkenntnis in den konkreten Alltag des Menschen hinwirkt, in das – so Rudolf Steiner in München – *«werktätige Leben»*.

In München hatte Rudolf Steiner 1907 in seinem von Ita Wegman gehörten Auftaktvortrag des Zyklus' *Die Theosophie des Rosenkreuzers* von dem besonderen Meister-Schüler-Verhältnis in der Initiation christlich-rosenkreuzerischer Richtung gesprochen – von einer Beziehung, die nicht dem Gesetz der Autorität unterstehe, sondern von der liebevollen Zuwendung und Zusammenarbeit geprägt sei: *«Der Lehrer ist der Freund, der Ratgeber, der die okkulten Erlebnisse vorlebt und sie den Schüler leben lässt.»* (99, 17) In einen solchen Schulungszusammenhang mit Rudolf Steiner trat Ita Wegman seit den Gesprächen von Penmaenmawr in forcierter Weise ein; sie erhielt in wöchentlichem Abstand und in schwer nachvollziehbarer Dichte neue esoterische Übungen von Rudolf Steiner[114], der ihren Weg mit den ihr anvertrauten Sprüchen und Aufgaben intensiv begleitete und auch gemeinsam mit ihr meditierte. In einem Mantram schrieb Rudolf Steiner für Ita Wegman die Zeile: *«Ich nehme Dich auf in den Geisteskreis / der sich auf die Impulse der Geister der Sonne berufen darf»*, im begonnenen Zeitalter Michaels und seines «sonnenhaften» Impulses für das Fortschreiten der Menschheit.[115] Wie sehr die michaelische Geistesschüler- und Weggefährtenschaft Ita Wegmans mit Rudolf Steiner dabei in einem langen geschichtlichen Zeitenstrom stand, der seine – rosenkreuzerische – Wendung zur Zukunft gefunden hatte, brachten dagegen Strophen zum Ausdruck, die Rudolf Steiner sehr wahrscheinlich im Spätherbst 1923 (und damit kurze Zeit nach Penmaenmawr) für Ita Wegman notierte, möglicherweise im Kontext einer von ihr – vorübergehend – erlebten Verunsicherung und situativen Überforderung[116]:

Ich frage am Tigris
Es nickt freundlich «Ja»
Ich frage zu Ephesus
Es nickt freundlich «Ja»
Ich frage bei Kabiren
Es nickt freundlich «Ja»
Ich frage am Odilienhügel
Es nickt freundlich «Ja»
Ich frage in der Klosterzelle
Es nickt freundlich «Ja».
Und am Dornacher Hügel
Da muss noch mutvoll
Die Seele sich finden
Dass sie erkenne, wie
Geistessonne schattenlos
Echte Morgenröte
Um Rosenkreuzessterne
Webt.[117]

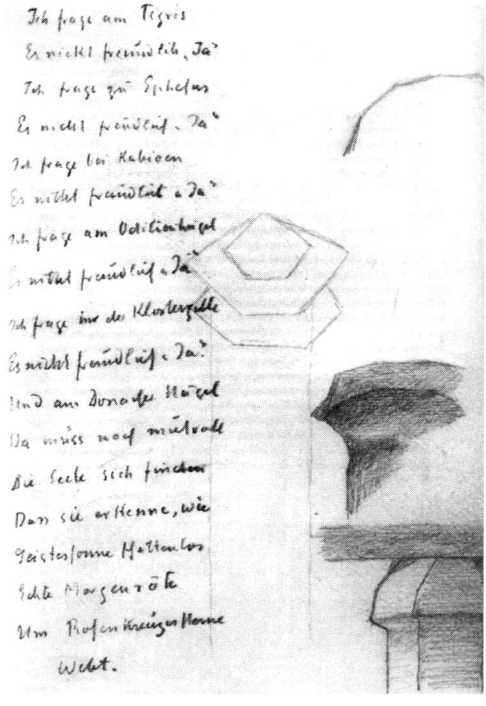

*

Wie Ita Wegman in ihrer Penmaenmawr-Notiz festhielt, stand Rudolf Steiners Entschluss zur Weihnachtstagung im engen, verbindlichen Zusammenhang mit den in Wales zur Sprache gekommenen Prozessen zwischen ihm und ihr («Penmaenmawr Karma / vollständig geoffenbart / Seelisches Element / Verständnis meiner Seite / Jubiliert hat die geistige / Welt sagte er / *So war der nächste / Schritt in der phys. W[elt] / es sich verbinden / von Dr. mit der / [Anthroposophischen] Gesellschaft / Eine*

Blüte sollte / daraus entstehen / Esoterik noch mehr / und mehr Esoterik / Mysterien erneuerung / Offenbarung des / ganzen Karma.»[118]) Ita Wegmans Schicksalsbejahung und die von ihr gestellte Frage nach der neuen Esoterik im Sinne der christlichen Mysterien war demnach von essentieller Bedeutung für Rudolf Steiners Entscheidung, den Vorsitz der Allgemeinen Anthroposophischen Gesellschaft zu übernehmen und diese – auf der Basis der Dornacher Hochschule – esoterisch zu führen und in entschiedener Weise zivilisatorisch wirksam werden zu lassen: «[Die Weihnachtstagung] soll vor allen Dingen eine Epoche der anthroposophischen Bewegung einleiten, in der ohne Scheu von den konkreten Tatsachen des geistigen Lebens gesprochen werden soll [...]. Es ist eben eine stärkere Stoßkraft nötig, als früher angewendet worden ist, wenn der Geist, dessen die Menschheit bedarf, einziehen soll.» (260a, 190) Immer wieder betonte Rudolf Steiner nach der Weihnachtstagung, dass nun eine neue Etappe in der Geschichte der anthroposophischen Bewegung und Gesellschaft angebrochen sei – und nur noch Rücksicht auf die Forderungen der geistigen Welt genommen werde, in vollständiger Hinwendung zur spezifisch esoterischen Wirkensrichtung und Aufgabe: *«Der Zug, der durch die anthroposophische Bewegung geht, soll immer esoterischer und esoterischer sich gestalten.»* (260a, 371) *«Es kann das Bewusstsein von diesem neuen Zug nicht oft genug eingeschärft werden.»* (260a, 207) Rudolf Steiners Entscheidung für die Neubegründung der Allgemeinen Anthroposophischen Gesellschaft in Gestalt der Weihnachtstagung war ohne Zweifel vor dem Hintergrund eines komplizierten geschichtlichen Prozesses erfolgt – und in seinem spirituellen Zukunftsringen der theosophischen Krisensituation des Jahres 1907 vergleichbar. Zugleich scheint im Kontext der hier betrachteten Vorgänge offensichtlich zu sein, dass Steiners Entscheidung für die Weihnachtstagung nicht ohne die Frage und Bitte Ita Wegmans – und die schicksalshaft-lebensgeschichtlichen Voraussetzungen ihrer Beziehung – möglich geworden wäre: «Sie [Ita Wegman] wollte nicht nur anknüpfen an das Alte, sondern sie stellte an mich die entscheidende Parzivalfrage nach der neuen Esoterik. Allein durch diese so gestellte Frage wurde es ermöglicht, die Michaelschule auf Erden einzurichten.» – Darüber hinaus brauchte Rudolf Steiner ganz offensichtlich auch Ita Wegmans Unterstützung; der Entschluss, sein eigenes Leben und Schicksal mit dem kranken Organismus der Anthroposophischen Gesellschaft zu verbinden, geschah in heilender Ausrichtung – und inmitten einer destruktiv-gefährlichen Situation.[119] Rudolf Steiners

Entscheidung war in gewisser Weise eine – wohlüberlegte – «Flucht nach vorne», die einen absoluten Schicksals-Beistand von starker und zugleich therapeutisch orientierter Seite benötigte, von einer Persönlichkeit bzw. Individualität, die (wie Steiner wiederholt hervorhob) den *«Mut des Heilens»* hatte[120]:

Erinnerung von Jahrtausenden
An Mysa die lieblich milde
An Alexander den brausenden
Alles in dem lichten Geistesbilde
In gegenwärtiger Liebe
Verbunden durch Seelentriebe
Sie bilden die Kraft zum Schaffen
Sie schaffen der Seele Waffen[121]

Ita Wegmans Votum vom Mai 1907 hatte Rudolf Steiner viel bedeutet; als sie nun, über 16 Jahre später, es konkret in die Tat einzulösen begann – auf der Basis durchlaufener Erkenntnis-, Gefühls- und Willensprozesse, im Einsatz ihrer schützenden Lebenskraft und eines unbeugsamen Zukunftswillens – war Rudolf Steiner von Herzen dankbar:

Stütze sollen mir sein
Dein Verständnis
Deine Liebe und die Treue

Ich seh' erwachsen
Aus deinem Verständnis
Das Licht, das mir leuchtet

Ich seh erwachsen
Aus deiner Liebe
Die Wärme, die mich segnet

Ich seh erwachsen
Aus deiner Treue
Die Luft, die mich belebt.[122]

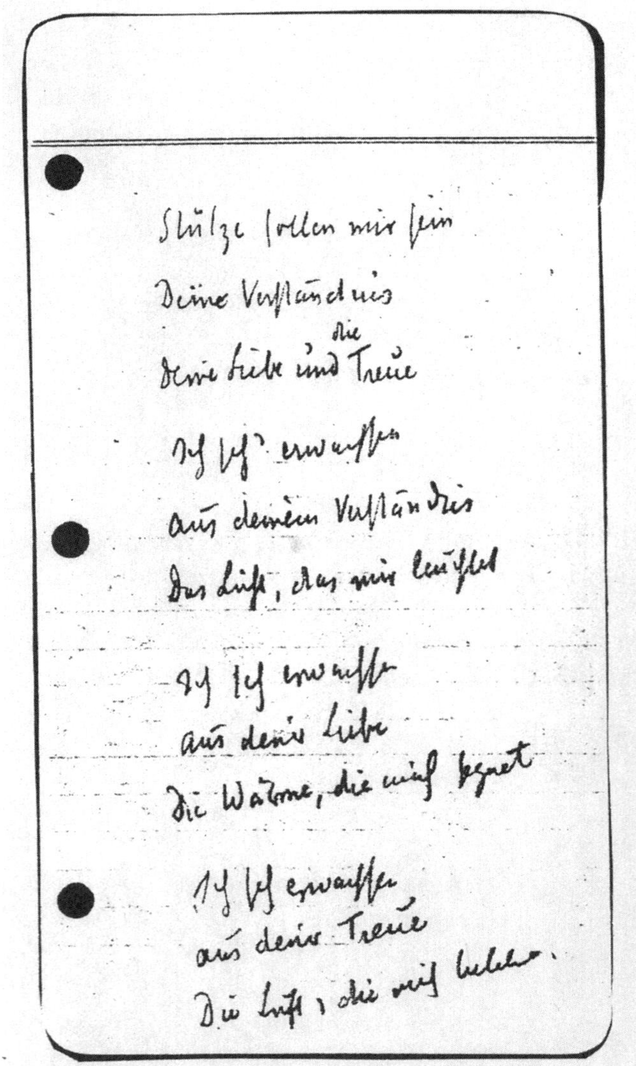

Niederschrift Rudolf Steiners für Ita Wegman

Die Weihnachtstagung 1923/24 nannte Ita Wegman eine *«Michaelstagung»*[123] von irdisch-kosmischer Bedeutung: «Es war ein unerhörtes Wagnis, eine Tat, bei der man, als sie geschah, fast die Erschütterung des ganzen Kosmos empfinden und fühlen konnte.»[124] Die an der Weihnachtstagung teilnehmenden Menschen waren nach Wegman in eine andere Sphäre versetzt, erlebten die «ganz nah herangerückte» geistige Welt – *«ja man befand sich in ihr.»*[125]

Rudolf Steiner begründete mit der Weihnachtstagung 1923/24 die Dornacher Hochschule als einen *«esoterischen Kern»* der Allgemeinen Anthroposophischen Gesellschaft, mit einzelnen Fachsektionen für die Lebensgebiete und einer dreiklassigen Esoterischen Schule für die geistige Schulung des Einzelnen – eine esoterische «Michael-Schule» (270/III, 14), von der Steiner sagte, dass sie von Michael selbst eingesetzt worden sei[126], wenn auch auf seine eigene Anfrage oder Bitte hin: *«Ein Ratschluss der geistigen Welt ist mit den Mitteln, die möglich sind, eingeholt worden [...].»* (270, I, 149). Mit diesem spirituell-okkulten Vorgang, der zur Substanz der Allgemeinen Anthroposophischen Gesellschaft werden sollte[127], war Ita Wegman im Innersten verbunden – in den Abendvorträgen der Weihnachtstagung sprach Rudolf Steiner (ohne entsprechende Namensnennung) über sein weltgeschichtliches Schicksal mit ihr[128]; auch bezeichnete Rudolf Steiner die Heilkunst auf der Weihnachtstagung nicht nur als *«die wichtigste Lebenspraxis, die aus der Erkenntnis des Menschen folgen kann»* (233, 118), sondern verdeutlichte an der medizinischen Aufgabenstellung und Arbeitsweise immer wieder das nun anbrechende Goetheanum-Geschehen[129], den Geist der neuen Hochschule und ihre Mysterien-Zielsetzung im Sinne von Penmaenmawr («Die Mysterien selbst sind ja zurückgegangen in der Zeit, in der die menschliche freie Entwickelung Platz greifen musste. Nun ist die Zeit gekommen, in der die Mysterien wieder gefunden werden müssen. Sie müssen wieder gefunden werden. Dessen muss man sich voll bewusst sein, dass heute Anstalten dazu gemacht werden müssen, die Mysterien wieder zu finden. Aus diesem Bewusstsein heraus ist die Weihnachtstagung gehalten worden, denn es ist eine dringende Notwendigkeit, dass auf der Erde eine Stätte ist, wo wiederum Mysterien begründet werden können. Die Anthroposophische Gesellschaft muss in ihrem weiteren Fortgange der Weg zu den erneuerten Mysterien werden.» 233a, 134f.). Die Heilkunst stand – im umfassenden *und* speziellen Sinne – im Zentrum des von Rudolf Steiner mit der Weihnachtstagung (in Anwesenheit Christian Rosenkreutz[130]) vollzogenen Aktes – als einem *heilenden* Vorgang für die Gesamtzivilisation und als Feld einer besonderen Schicksalskonstellation und -aufgabe im Licht des *«kommenden Christus»*.

Über die neue medizinische Menschenkunde aus dem Geist des Rosenkreuzertums sprach Rudolf Steiner bereits in seinen allgemeinanthroposophischen Vorträgen während der Weihnachtstagung, bis in anthropologisch-kosmologische Einzelheiten hinein.[131] Nach Abschluss der Tagung begann Rudolf Steiner dann am 2. Januar 1924 direkt mit der Abhaltung eines spezifischen Hochschulkurses für Medizinstudenten und junge Ärzte («Moral des medizinischen Studiums und der Praxis – esoterisch und exoterisch») – einer Vortragsfolge innerhalb der von Ita Wegman geleiteten medizinischen Sektion, der die rosenkreuzerische Geistigkeit und ihre medizinische Weiterführung im Zeitalter Michaels in außerordentlicher Dichte zum Vorschein brachte;[132] parallel dazu führte Rudolf Steiner seine Vorträge zur Initiation der Rosenkreuzer und ihres Natur- und Kosmoswissens fort, unter Thematisierung der seit 1879 angebrochenen Michaelszeit[133]. – Über seine Arbeit mit Ita Wegman an dem medizinischen Lehrbuch sagte Rudolf Steiner einige Monate später in Paris, in dezidierter Form und in Wegmans Gegenwart:

> Es wird jetzt von Dornach aus durch die Bemühungen von Frau Dr. Wegman und mir in die Medizin dieser [esoterische] Zug hineinkommen durch eine demnächst herauskommende Publikation, die frank und frei von demjenigen spricht, was die okkulte Erkenntnis der Medizin geben kann. *Das ist dasjenige, was als der tiefste Impuls auch der Weihnachtstagung [...] zugrunde gelegen ist.* (260a, 489[134])

Mitte Februar 1924 begannen dann die Karma-Vorträge und die ersten Klassenstunden der Hochschule als Ausdruck der in der Weihnachtstagung vollzogenen (und in der Esoterischen Schule weiter vertieften) Verbindung Michaels mit der Rosenkreuzerströmung im Licht des ätherischen Christus.[135]

Wie sehr Rudolf Steiner in diesen Arbeiten sich mit Ita Wegman verbunden wusste, deutete er unter anderem in zwei Sprüchen an, die er ihr – in Gestalt von Buchwidmungen – im Januar und Februar 1924 übergab, sie mit ihrem alten Mysteriennamen ansprechend:

Auf Geisteshöhen,
An Abgrundsrändern
In uralter Zeiten
Schicksalswende
Gefunden,
Schmiedet Notwendigkeit
Sich nie zu verlieren.

M. lieben Mysa

(13.1.1924)[136]

An Mysa

An die fernen Zeiten denken
In der alten Gemeinschaft leben
Bindet die Seelen
Löset die Aufgaben
Läßt die Geister finden
Es gibt Wahrheit dem Leben
Ja, so sei es

(22.2.1924)[137]

*

In Gegenwart Ita Wegmans formte Rudolf Steiner im März das Modell für das zweite Goetheanum[138] als einer Zukunftsstätte michaelischer Geistigkeit («[...] Eine Michaelsburg musste es sein, wo die Michaelsschüler sich zusammenfinden und zusammenkommen könnten, um Michaelsbotschaft zu hören.» Wegman[139]). Zur Osterzeit sprach Rudolf Steiner dann erneut zu jungen Ärzten und in seinen allgemeinanthroposophischen Vorträgen unter anderem über die Mysterien von Ephesus; zugleich thematisierte er am Karfreitag in Dornach erstmals die Notwendigkeit eines künftigen Michael-Festes, eines *«Festes des Seelenmutes, der Seelenkraft,*

Rudolf Steiner: Modell des zweiten Goetheanum. März 1924

der Seelenaktivität» (223, 869), dessen Einsetzung Rudolf Steiner als einen «mächtigen Impuls zur Weiterführung unserer Zivilisation» (224, 14) bezeichnete, zugleich jedoch an geistig-soziale Voraussetzungen knüpfte, die in der Allgemeinen Anthroposophischen Gesellschaft (als einer intendierten «Michael-Gemeinschaft»; 237, 140) noch keineswegs gegeben waren. Wie umkämpft die Situation der Anthroposophie auch nach der Weihnachtstagung weiterhin war, wie gefährdet und angegriffen ihr irdischer Weg – und wie schwach ihre Verteidigung von Seiten der Anthroposophischen Gesellschaft, die das Weihnachtstagungsgeschehen nur bedingt verinnerlicht und in ihren Willen aufgenommen hatte – deutete Rudolf Steiner Ita Wegman 1924 offenbar wiederholt an («Anscheinend wurde mit großer Begeisterung dieses [Ereignis der Weihnachstagung] aufgenommen. Aber war sie wirklich in den Herzen der Menschen aufgenommen? Der Anruf der Elementargeister, in der Grundsteinlegung zu Zeugen aufgerufen, die Bitte, Menschen mögen es hören, haben nicht das erreicht, was sie hätten erreichen sollen, Menschen-Ohren blieben taub, und die Elementargeister erwarteten erwartungsvoll, was von Menschen kommen konnte und wurden unruhig, als nicht genügend Echo von Menschen ertönte, *sagte mir Dr. Steiner.*»[140]) Der «esoterische Akt» der Weihnachtstagung war ein gewagter Schritt [141] inmitten einer abgründigen Zivilisationsdynamik gewesen.[142] Rudolf Steiners persönliche Verbindung mit dem kranken Gesellschaftsorganismus und den Schwächen der Einzelnen, aber auch die Enthüllung der Schicksals-Geheimnisse ab Mitte Februar 1924 und entgegen dem Widerstand von aversiven Kräften und Mächten – die Rudolf Steiner als «Feinde des Michael» oder als «Anti-Michael-Dämonen» bezeichnete – war ein dramatischer Vorgang[143] und bedurfte einer intensiven Begleitung, eines absoluten Mitgehens im (mutigen) Sein und Bewusstsein.[144] In einem weiteren Spruch für Ita Wegman schrieb Steiner:

Da wo das Licht
Vor grünen Dämonen
Erzittert,
Und die lichtgebornen
Urweltkräfte
Den ringenden Menschen
Die Rätsel verkünden,
Die den Dämonen
Nur von Menschen entlockt
Und zu Göttern
Gebracht werden können
Fand Seele die Seele
Um dereinst wartenden Götter
Dämonengeheimnis
Zu opfern
An finstrer Stätte, – –
Dass Licht werde,
Wo ohne dieses Tun
Ew'ge Finsternis waltete.
Solche Stelle giebt es
Sie muss verschwinden
Machet dereinst sie verschwinden.
So spricht mahnend
Michaels Blick.[145]

Da wo das Licht
Vor grünen Dämonen
Erzittert,
Und die Lichtgeboren
Urweltkräfte
Den ringenden Menschen
Die Rätsel verkünden,
Die den Dämonen
Nur von Menschen entlockt
Und zu Göttern
Gebracht werden können
Fand Seele die Seele
Um dereinst wartenden Göttern
Dämonengeheimnis
Zu opfern
Am finstrer Stätte, – –
Dass Licht werde,
Wo ohne dieses Tun
Ew'ge Finsternis waltete.
Solche Stelle giebt es
Sie muss verschwinden
Machet dereinst sie verschwinden.
So spricht mahnend
Michaels Blick.

Zu Pfingsten 1924, siebzehn Jahre nach dem Münchner Kongress, reiste Rudolf Steiner dann Anfang Juni nach Koberwitz bei Breslau, um dort einen großen Kurs über geisteswissenschaftliche Gesichtspunkte einer zukünftigen Landwirtschaft zu halten – wiederum in rosenkreuzerischer Ausrichtung («Rosenkreuzer-Weisheit muss nicht nur in den Kopf gehen, auch nicht bloß in das Herz, sondern in die Hand, in unsere manuellen Fähigkeiten, in das, was der Mensch täglich tut.» München, 1907). In Penmaenmawr hatte Rudolf Steiner Guenther Wachsmuth, den er wenige Monate später zum Leiter der naturwissenschaftlichen Sektion ernannte, von den alten, spirituellen Ordnungen des Mysterienwesens und seiner Bedeutung für die Landwirtschaft berichtet («Er erzählte, wie sie die Weihefeste und Kulte des Jahres nach diesen kosmischen Rhythmen gestalteten und ihre priesterlichen Weisungen an die Angehörigen ihrer Gemeinde gaben; wie das Geschehen der Jahreszeiten sich geistig im Kultus, physisch bis in die Handhabung der landwirtschaftlichen Arbeit spiegeln müsse.»). Nun erläuterte Steiner in Schlesien die Erkenntnis- und Handlungsprinzipien einer neuen Landwirtschaft, schilderte bis in kleinste Details das Wirken kosmisch-irdischer Kräfte und Substanzen – und schrieb (auf deren Bitte) für die Priester der Christengemeinschaft die Johanni-Epistel der Menschenweihehandlung nieder.

Ita Wegman konnte Rudolf Steiner auf dieser Reise nicht begleiten und verabschiedete sich am Freitagnachmittag, dem 6. Juni, am Basler Bahnhof von ihm. Dann schrieb sie Rudolf Steiner in dichter Folge Briefe, in das Koberwitzer Schloss Carl von Keyserlingks, in dem Rudolf Steiner wohnte und die landwirtschaftlichen Vorträge hielt. Ita Wegmans Schreiben an Rudolf Steiner konnten bis heute nicht aufgefunden werden und erhielten sich – im Gegensatz zu Rudolf Steiners Briefen – offenbar nicht. Aus Rudolf Steiners Antworten an Ita Wegman (mit ebenfalls oft mehreren Nachrichten pro Tag) aber geht hervor, wie sehr sie es bedauerte, in Koberwitz nicht an seiner Seite sein zu können. Hierauf eingehend schrieb Rudolf Steiner unter anderem:

> Es ist schade, dass Du nicht da bist – es wäre mir so schön; aber es geht eben nicht, und man muss das Notwendige hinnehmen. (8. Juni)[146]

> Bei allem ist meine gute M-I bei mir, und meine Gedanken gehen zu ihr. [...] Ich gedenke Deiner Meditation und bin unerlässlich auf Deinen esot. Fortschritt bedacht, liebe Mysa-Ita. (10. Juni)[147]

> […] Du hast wirklich mit Deinen Gedanken in dem Briefe recht. Und ich habe dich auch seelisch jetzt um mich – obgleich es mir so leid ist, dass Du nicht auch physisch da bist; aber, wir haben ja des öfteren besprochen, dass das Notwendige eben beachtet werden muss. – Nun kann ich heute Dir diese Versicherung meines Gedenkens an Dich senden und auch die, dass ich meditierend Deiner gedenke und auch hier an Deinem spirituellen Fortschritt arbeite. Du gehst als Freund mit mir in geistige Welten. (10. Juni)[148]

In einem langen Brief, den sie am Pfingstsonntag in Arlesheim verfasste und nach Koberwitz sandte, ging Ita Wegman auch auf die Begegnung siebzehn Jahre zuvor in München ein – und erinnerte sich an den Kongress (und sehr wahrscheinlich auch an die Situation in der Esoterischen Schule). Trotz der reichen und beglückenden Erlebnisse mit Rudolf Steiner in den letzten Monaten, der erfahrenen, liebevollen Nähe und geistigen Zusammenarbeit – ja dem erschütternden Inhalt der ihr mit seiner Hilfe eröffneten Einsichten – war Ita Wegman ganz offenbar tief betrübt über ihr so spätes Erwachen. 1905 und 1907 war sie Rudolf Steiner und dem Geheimnis seines Wesens und Wirkens – auch den Geheimnissen ihrer Beziehung zu ihm – bereits anfänglich nahe gewesen; dann jedoch war all dies über mehr als anderthalb Jahrzehnte in ihr mehr oder weniger «versunken»[149]. Viel Zeit war verstrichen und in geschichtlicher Hinsicht versäumt worden; lange hatte sie Rudolf Steiner alleine gelassen und war ihm – trotz ihrer frühen Zusage – nur sehr bedingt *«gefolgt»*. Rudolf Steiner war inzwischen ein schwerkranker Mann, in einer mehr als angegriffenen Verfassung und in schwieriger geschichtlicher Wirkenszeit – seit dem Ersten Weltkrieg bestand sein Leben in einem letzten Einsatz für eine noch mögliche Wendung der mitteleuropäischen Geschicke, für die Rudolf Steiner auch in spiritueller Hinsicht alles gab.[150] Ita Wegman sah ihre Versäumnisse und litt in ausgeprägter Weise unter ihnen, neben der freudigen Zuversicht und Zukunftsgewandtheit, die ebenfalls in ihr lebte – sie war kein melancholischer Mensch.

Rudolf Steiner, der Ita Wegmans Pfingstbrief am Dienstag, den 10. Juni, in Koberwitz erhielt, antwortete ihr ausführlich am Mittwochabend, zu der Sechsuhr-Stunde, die in Arlesheim und Dornach der gemeinsamen Arbeit und Meditation gewidmet war. Er antwortete ihr in einem längeren Schreiben, das auf die Schicksalsgestalt ihrer Beziehung blickte und dabei ebenfalls die Münchner Begegnung erinnerte:

III. «Jubiliert hat die geistige Welt»

Meine liebste Mysa-Ita,
habe allerherzlichsten Dank für Deinen zweiten lieben Brief vom Pfingstsonntag. Ich finde darin meine liebe Mysa, wie ich wollen muss, dass sie zu mir spricht, um in der physischen Welt den Ton zu finden, der nachklingen muss dem «Schüler Michaels», der an meiner Seite gehen muss für «Zeit und Ewigkeit» in den Gebieten der geistigen Welt. Es ist so in unserem Karma, dass ich an Dir einen echten, unerschütterlichen *Freund* finden muss, wenn die Schülerschaft den ganz rechten Weg gehen soll. So will es unser Karma. Wenn dies Karma zunächst einen tragischen Zug haben muss, so wird das nach keiner Richtung in der Zukunft mehr hemmend sein können. Es ist ja auch gewiss traurig, dass Du nicht schon früher mit mir zusammenkamest. Aber, liebe Mysa, Deine Erlebnisse sind doch auch karmisch bedingt. Und was *vorher* karmisch zu lösen war, das musste eben gelöst werden. Du schiedest einstmals von mir zu einem umfassenden Tatenleben. Wir hatten vorher in der weittragendsten Art große Impulse vor dem Bewusstsein aufgerollt. Du gingest an eine Verwirklichung in Deiner Art. An eine Verwirklichung, die gar nicht anders stattfinden konnte als so, dass Du manchem Menschen Unrecht tatest. Das ist schon nun einmal die notwendige Konsequenz manches Großen. Als Du damals von mir gingst, war viel von mir genommen. Die Jugend, die in Dir an meiner Seite stand, ward von mir genommen. Ich war in keiner Inkarnation so alt wie damals. «Mit ihm ist mein Herz über den Pontus gegangen.» Das war meine Stimmung. Ein Mann trat Dir entgegen. Er hatte zunächst Unrecht, in der Art, wie er sich zu Dir verhielt. Dann aber tatest Du ihm Unrecht. Das war ein ungelöstes Karma. Jetzt ist es gelöst. Aber sage mir nun, meine Liebe, mussten wir nicht warten, bis dieses Karma gelöst war? Was wäre zwischen uns gewesen, wenn das nicht so wäre? Das ist etwas, was ich mir oft sagte über unsere Tragik, auch bevor Du in Deinem so lieben Brief vom Pfingstsonntag so schön zu mir gesprochen hast. Denn sieh: gewusst habe ich doch, was um meine Mysa war; ich wollte nur auch die vergangene Mysa dieser Inkarnation in ihren eigenen Worten vor mir haben. Denn diese eigenen Worte sind ja das so Liebe für mich; auch das, was mich so spirituell sorgen lassen kann für Deinen geistigen Fortschritt. Du schreibst: «Wirst du mich jetzt immer lieben bleiben?» Meine liebe Mysa: *Diese* Liebe ruht auf dem

unerschütterlichsten Fels. Sie ruht ja auf dem, was Deine Wesenheit mir offenbart. Und das ist viel, sehr viel. Aber da soll es auch ungetrübtes Zusammensein geben in allem Erlebten. Du sagst, was nicht mit mir zusammenhängt, «verblasst». Aber meine liebe Mysa: ich konnte doch zu keinem Menschen so stehen wie zu Dir. Du lernst mich auch ganz anders noch kennen als andre Menschen mich gekannt haben, oder kennen. Dass da manchmal sich in unser Zusammensein etwas gemischt hat, was Du vielleicht nicht haben wolltest, das hängt doch damit zusammen, dass ich nur im vollen Eins-sein mit Dir leben möchte. Du bist mir doch so nahe; so nahe in allem. Da tut oft schon der Schein des Fernen wehe. Doch Du machst ja auch wieder alles gut. Viele Liebe liegt in Deinem Pfingstbriefe. Du musst Dich auch in mich hineindenken: der nun mit Dir wandeln will, der in Dir gefunden hat, was er eben nur in Dir finden konnte. Du bist ja auch jetzt so schön bei mir, wo Dein Brief vor mir liegt, und ich in der Stunde (6 Uhr), die schönes Zusammensein in Dornach bedeutet, an Dich schreibe. Du wandelst an meiner Seite, wenn ich vortrage. Und das alles ist eben in unserem Falle die rechte Vorbedingung für das Wandeln in der geistigen Welt.

Ich war alt geworden, als Du mich damals vor Zeiten verließest; dieses Alter überkam mich gerade so stark in dem Zeitpunkte, während des Münchener Kongresses, den du erwähnst. Man bemerkte dies äußerlich nicht. Ich erschien regsam, sogar vielen vielleicht betriebsam. Ich gab mich eben immer der geistigen Welt hin, und dies ließ die Müdigkeit nach außen nicht auftreten. Aber es war schon Müdigkeit gegenüber allem, nur nicht der geistig-anthroposophischen Strömung gegenüber. Diese Müdigkeit war das karmische Abbild meines Alterns, nachdem Du von mir gegangen warst. Und jetzt warst Du im Auditorium. Aber noch war die Scheidelinie zwischen Asien und Europa im karmischen Abbild zwischen uns. Jetzt ist das alles nicht mehr. Und ich darf nun auch zu den Menschen anders sprechen als früher. Die geistigen Mächte, deren Ausdruck die Anthroposophie ist, sehen wohlwollend, liebend, wie ich mich stütze nunmehr auf die Liebe, die ich hege zu Deiner von mir so hochgeschätzten Seele. Und die ist mir die stärkste Stütze. Ich möchte gerne weiterschreiben. Doch bald wird das Auto zum Abendvortrag vorfahren, das von hier nach Breslau fast eine Stunde braucht.

So ende ich denn vorläufig hier, noch einmal herzlichsten Dank, dass Du mir geschrieben hast. Du sagst: «Es ist nicht immer gut alles zu schreiben.» Ja, es ist doch gut, wenn Du zu mir sprichst, wie Du sprachest.

Allerherzlichste Gedanken
ganz Dein Rudolf Steiner[151]

Rudolf Steiner ging in seiner Antwort nicht auf das persönliche Gespräch mit Ita Wegman Ende Mai 1907 in München und ihre Entscheidung für seine Esoterische Schule bzw. den von ihm begangenen und gelehrten christlich-rosenkreuzerischen Weg ein – wohl aber auf ihre Anwesenheit beim Münchner Kongress und seine innere Situation zu dieser Zeit. Rudolf Steiners Ausführungen deuteten an, wie sehr er bereits 1907 Wegman wahrgenommen, ja in seiner schwierigen Situation geradezu erwartet hatte *(«Und jetzt warst Du im Auditorium.»)*; andererseits zeigten sie sein Wissen um die notwendigen Etappen ihres inneren Weges, die vor einer wirklichen Zusammenarbeit und Gemeinschaft zurückgelegt werden mussten. Auf Rudolf Steiners erläuternde Formulierung *«Aber noch war die Scheidelinie zwischen Asien und Europa im karmischen Abbild zwischen uns»* und auf seine Ausführungen im ersten Teil des Briefes über einen von ihr zu leistenden Schicksalsausgleich *(«Das war ein ungelöstes Karma. Jetzt ist es gelöst.»)*, bezogen sich sehr wahrscheinlich Notizbuchworte, die Ita Wegman kurz nach Rudolf Steiners Tod niederschrieb:

Karma war natürlich
Immer zwischen uns
Karmawirk[un]g verhindert
durch Frl. v. Sivers
durch Miss Maryon *Indien*[152]

Ita Wegman war in Niederländisch-Indien aufgewachsen und von dort – über Annie Besants Theosophische Gesellschaft und auf einem weiten Weg – zu Rudolf Steiner und seiner mitteleuropäischen Aufgabe gekommen (*«Aber noch war die Scheidelinie zwischen Asien und Europa im karmischen Abbild zwischen uns.»)* Ita Wegmans Verhältnis zu Rudolf Steiners Ehefrau Marie Steiner-von Sivers war und blieb zeitlebens ausgesprochen kompliziert[153]; in gewisser Hinsicht galt offenbar Ähnliches für ihre Beziehung zu Edith Maryon, eine esoterisch weit entwickelte Persönlichkeit[154], die Rudolf Steiner außerordentlich nahe stand[155]. Beide Frauen, Marie Steiner-von Sivers und Edith Maryon, lebten in Rudolf Steiners nächster Dornacher Umgebung und in enger, persönlich wie geistig intensiver Arbeitsgemeinschaft mit ihm. Diese Situation war für Ita Wegman in psychologischer Hinsicht mehr als schwierig[156]; darüber hinaus erschwerte sie ihre Zusammenarbeit mit Rudolf Steiner, auch an der Fertigstellung des medizinischen Manuskriptes. Verschiedene Nachfragen nach der Auslieferung des von Rudolf Steiner bereits auf der Weihnachtstagung angekündigten und mittlerweile dringlich erwarteten Buches[157] waren bei Wegman eingegangen, weswegen sie auch entschieden gegen die Abhaltung des Koberwitzer Kurs votiert hatte: «Wir haben doch das Buch *fertig* zu machen und dies ist nicht weniger wichtig als der landwirtschaftliche Kurs. Es beunruhigt mich dieses noch nicht fertige Buch, auf das alle Leute warten.»[158] – Edith Louisa Church Maryon aber war in der Nacht vom 1. auf den 2. Mai 1924, fünf Wochen vor Steiners Aufbruch nach Koberwitz, nach fünfzehnmonatiger Krankheit und – so Rudolf Steiner – hingebungsvoller Behandlung durch Ita Wegman gestorben.[159] Nach Emanuel Zeylmans van Emmichoven nahm Ita Wegman in ihrem Brief und Rudolf Steiner in seiner Antwort hierauf möglicherweise Bezug – im Sinne eines, durch die Therapie- und Sterbebegleitung geleisteten Ausgleichs alter Verschuldung: *«Jetzt ist es [das Schicksal] gelöst.»* [160]

Obwohl der Koberwitzer Brief vom 10. Juni 1924 viele, größtenteils bis heute unbeantwortete Fragen aufwirft, so verdeutlicht er doch in dokumentarischer Weise, welche Wichtigkeit Ita Wegman zu dieser Zeit für Rudolf Steiner hatte – aus welchen konkreten Schicksalsschichten heraus sie ihm bereits 1907 wesentlich war und was ihre Nähe nun für seine Lebensarbeit bedeutete: *«Du wandelst an meiner Seite, wenn ich vortrage. Und das alles ist eben in unserem Falle die rechte Vorbedingung für das Wandeln in der geistigen Welt. [...] Die geistigen Mächte, deren Ausdruck die Anthroposophie ist, sehen wohlwollend, liebend, wie ich mich stütze nunmehr auf die Liebe, die ich hege zu Deiner von mir so hochgeschätzten Seele. Und die ist mir die stärkste Stütze.»*

*

Koberwitz, 11. Juni 1924
bei Breslau
bei Graf Carl Keyserlingk

Meine liebste Mysa-Ita,

habe allerherzlichsten Dank für Deinen zweiten lieben Brief vom Pfingstsonntag. Ich finde darin meine liebe Mysa, wie ich wollen muss, dass sie zu mir spricht, um in der physischen Welt den Ton zu finden, der nachklingen muss dem „Schüler Michaels", der an meiner Seite gehen muss für „Zeit und Ewigkeit" in den Gebieten der geistigen Welt. Es ist so in unserem Karma, dass ich an Dir einen echten, unerschütterlichen Freund finden muss, wenn die Schülerschaft den ganz rechten Weg gehen soll. So will es unser Karma. Wenn dies Karma zunächst einen tragischen Zug haben muss, so wird das nach keiner Richtung in der Zukunft mehr hemmend sein können. Es ist ja auch gewiss traurig, dass Du nicht schon früher mit mir zusammenkamest. Aber, liebe Mysa, Deine Erlebnisse sind doch auch karmisch bedingt. Und was vorher karmisch zu lösen war, das musste eben gelöst werden. Du schiedest einstmals von mir zu einem umfassenden Tatenleben. Wir hatten vorher in der weittragendsten Art grosse Impulse vor dem Bewusstsein aufgerollt. Du giengest an eine Verwirklichung in Deiner Art. An eine Verwirklichung, die gar nicht anders stattfinden konnte als so, dass Du manchem Menschen Unrecht tatest. Das ist schon nun einmal die notwendige Consequenz manches Grossen. Als Du damals von mir giengst, war viel von mir genommen. Die Jugend, die in Dir an meiner Seite stand, ward von mir genommen. Ich war in keiner Incarnation so alt als damals. „Mit ihm ist mein Herz über den Pontus gegangen". Das war meine Stimmung. Ein Mann trat Dir entgegen. Er hatte zunächst Unrecht, in der Art, wie er sich zu Dir verhielt. Dann aber tatest Du ihm Unrecht. Das war ein ungelöstes Karma. Jetzt ist es gelöst. Aber sage mir nun, meine liebe, mussten wir nicht warten, bis dieses Karma gelöst war? Was wäre zwischen uns gewesen, wenn das nicht so wäre? Das ist etwas, was ich mir oft sagte über unsere Tragik, auch bevor Du in Deinem so lieben Brief vom Pfingstsonntag so schön zu mir gesprochen hast. Denn sieh: gewusst ./.

Brief Rudolf Steiners an Ita Wegman, 11. Juni 1924, S. 1

habe ich doch, was um meine Mysa war; ich wollte nur auch die vergangene Mysa dieser Incarnation in ihren eigenen Worten vor mir haben. Denn diese eigenen Worte sind ja das so liebe für mich; auch das, was mich so spirituell sorgen lassen kann für Deinen geistigen Fortschritt. Du schreibst „Wirst du mich jetzt immer lieben bleiben?" Meine liebe Mysa: Die Liebe ruht auf dem unerschütterlichsten Fels. Sie ruht ja auf dem, was Deine Wesenheit mir offenbart. Und das ist viel, sehr viel. Aber da soll es auch ungetrübtes Zusammensein geben in allem Erleben. Du sagst, was nicht mit mir zusammenhängt, „verblasst". Aber meine liebe Mysa: ich konnte doch zu keinem Menschen so stehen wie zu Dir. Du lernst mich auch ganz anders noch kennen als andre Menschen mich gekannt haben, oder kennen. Dass da manchmal sich in unser Zusammensein etwas gemischt hat, was Du vielleicht nicht haben wolltest, das hängt doch damit zusammen, dass ich nur im vollen Eins-sein mit Dir leben möchte. Du bist mir doch so nahe; so nahe in allem. Da tut oft schon der Schein des Fernen wehe. Doch Du machst ja auch wieder alles gut. Viele Liebe liegt in Deinem Pfingstbriefe. Du musst Dich auch in mich hineindenken: der nun mit Dir wandeln will, der in Dir gefunden hat, was er eben nur in Dir finden konnte. Du bist ja auch jetzt so schön bei mir, wo Dein Brief vor mir liegt, und ich in der Stunde (6 Uhr), die schönes Zusammensein in Dornach bedeutet, an Dich schreibe. Du wandelst an meiner Seite, wenn ich vortrage. Und das alles ist eben in unserem Falle die rechte Vorbedingung für das Wandeln in der geistigen Welt.

Ich war alt geworden, als Du mich damals vor Zeiten verliessest; dieses Alter überkam mich gerade so stark in dem Zeitpuncte, während des Münchener Congresses, den Du erwähnst. Man bemerkte dies äusserlich nicht. Ich erschien regsam, sogar vielen vielleicht betriebsam. Ich gab mich eben immer der geistigen Welt hin, und diese liess die Müdigkeit nach aussen nicht auftreten. Aber es war schon Müdigkeit gegenüber allem, nur nicht der geistig-anthroposophischen Strömung gegenüber. Diese Müdigkeit war das karmische Abbild meines Alterns, nachdem Du von mir gegangen warst. Und jetzt

Brief Rudolf Steiners an Ita Wegman, 11. Juni 1924, S. 2

warst Du im Auditorium. Aber noch war die Scheidelinie zwischen Asien und Europa im Karmischen Abbild zwischen uns. Jetzt ist das alles nicht mehr. Und ich darf nun auch zu den Menschen anders sprechen als früher. Die geistigen Mächte, deren Ausdruck die Anthroposophie ist, sehen wohlwollend, liebend, wie ich mich stütze nunmehr auf die Liebe, die ich hege zu Deiner von mir so hochgeschätzten Seele. Und die ist mir die stärkste Stütze. Ich möchte gerne weiterschreiben. Doch bald wird das Auto zum Abendvortrag vorfahren, das von hier nach Breslau fast eine Stunde braucht.

So ende ich denn vorläufig hier, noch einmal herzlichsten Dank, dass Du mir geschrieben hast. Du sagst „Es ist nicht immer gut alles zu schreiben". Ja, es ist doch gut, wenn Du zu mir schreibst, wie Du sprachest.

Allerherzlichste Gedanken
ganz Dein
Rudolf Steiner

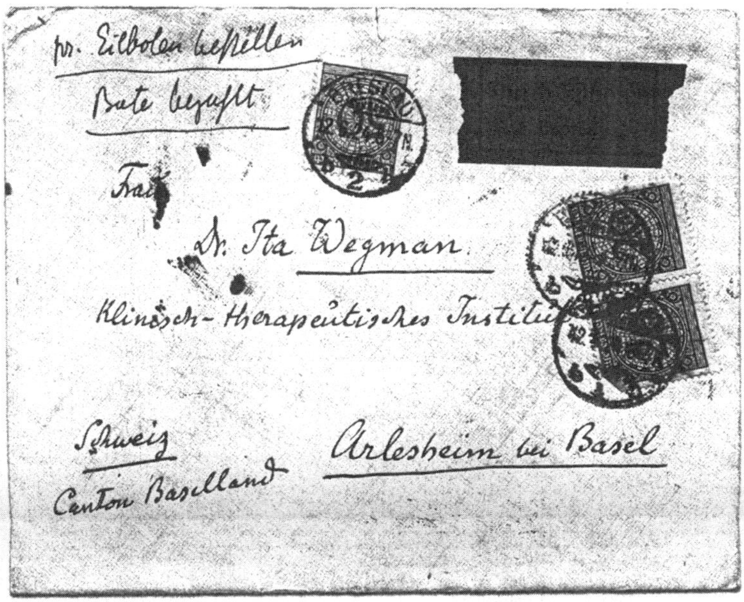

Brief Rudolf Steiners an Ita Wegman, 11. Juni 1924, S. 3

In den Wochen nach seiner Dornacher Rückkehr notierte Rudolf Steiner auf einem kleinen Zettel, dass Ita Wegmans Wesen Michael unterstehe – *«Mysa steht unter Mikael / verklärt»*. Im August beschrieb Steiner im englischen Torquay in einem weitreichenden Vortragskurs erstmals die Bedingungen einer neuzeitlichen Initiatengemeinschaft im Erforschen der geistigen Welt – anhand medizinischer Fragestellungen und seiner (geschichtlichen wie aktuellen) Zusammenarbeit mit Ita Wegman.[161] Kurz danach sprach Rudolf Steiner in einem Londoner Vortrag von Ita Wegman nicht nur als seiner «lieben Freundin und Mitarbeiterin auf medizinischem und auf sonstigem geistesforscherischem Gebiete, *auf dem Gesamtgebiete der Geistesforschung»*. (319, 220; Hervorhebung v.V.), sondern betonte in Dornach (wie zuvor schon in Torquay) die Bedeutung der «karmischen Kräfte» für den Vollzug der gemeinsam geleisteten Arbeit (238, 83). In den Esoterischen Stunden der ersten Klasse der Freien Hochschule für Geisteswissenschaft, die im September in Dornach gehalten und von «Zeichen und Siegel Michaels» begleitet wurden, thematisierte Rudolf Steiner wiederholt die mitleitende Bedeutung und Verantwortung Ita Wegmans für die «Michael-Schule»[162] – Menschen, die um Aufnahme in die erste Klasse baten, wurden nun gemeinsam und in Form eines kurzen Rituals in dieselbe eingeführt:

> Die Aufnahmen fanden im Atelier statt. Ich musste neben dem Doktor stehen, die Mitglieder wurden von Dr. Wachsmuth ins Atelier geführt. Dr. Steiner stellte einige Fragen an den um Aufnahme Bittenden, und wenn er aufgenommen werden konnte, wurden von Dr. Steiner folgende Worte ausgesprochen: *«Wollen Sie der Michaelschule treu bleiben, so geben Sie mir die Hand, geben Sie auch Frau Dr. Wegman, die mit mir die Michaelschule leiten wird, die Hand.*[163]

Über siebzehn Jahre zuvor, Ende Mai 1907, hatte Rudolf Steiner Ita Wegman selbst die Hand gegeben, begleitet von dem Michaels-Zeichen – nach der von ihr erhaltenen Zusage, bei ihm «bleiben» zu wollen, damit aber den christlich-rosenkreuzerischen Weg im Zeitalter Michaels mit ihm zu gehen. Mit Ita Wegman zusammen wollte Rudolf Steiner nun seine Esoterische Schule führen, deren Verantwortung gegenüber Michael (als dem eigentlichen Schul-«Leiter»[164]) Aufgabe der irdischen Leitung war: «Verantwortlich ist die Leitung dieser Schule nur den geistigen Mächten, der Michael-Macht selber gegenüber für dasjenige, was

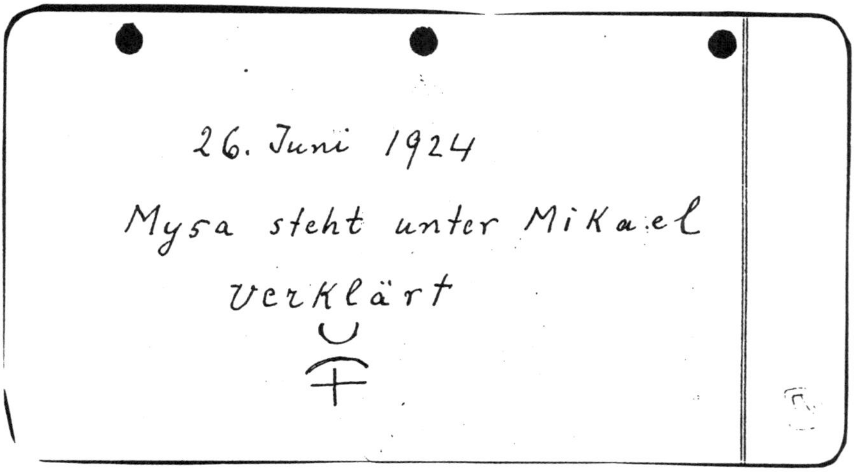

Rudolf Steiner für Ita Wegman, Dornach, 26. Juni 1924

sie tut.» (270/III, 15). – *«Mysa steht unter Mikael.»* Ob Ita Wegman die fortgeschrittenste Persönlichkeit unter Rudolf Steiners esoterischen Schülern war, ist nicht bekannt und nur bedingt wahrscheinlich – Menschen wie Michael Bauer oder Edith Maryon waren ihr in meditativ-okkulter Hinsicht möglicherweise weit voraus.[165] Ita Wegman aber hatte ein gemeinsames «Michael»-Schicksal mit Rudolf Steiner über lange Zeitepochen hinweg; sie «stand» unter Michael und konnte die Verantwortung für die Schule gegenüber dem herrschenden Zeitgeist mit übernehmen, aus der geistigen Kraft ihres Wesens[166], im «Mut des Heilens», und angesichts einer von Zerstörungskräften heimgesuchten Welt.[167]

*

Kurz vor Anbruch seines Krankenlagers traf Rudolf Steiner gemeinsam mit Ita Wegman noch letzte Vorbereitungen zur Begründung einer medizinischen Mysterienschule und berief einen kleinen Kreis geeigneter Persönlichkeiten, die in Zukunft einen esoterischen «Kern» der medizinischen Sektion bilden sollten.[168] Eine Weiterführung dieser Initiative – im Sinne einer konkreten Schulung der Mediziner, die unter Rudolf Steiners Führung einsetzen sollte –, war dann jedoch aufgrund der Erkrankung Steiners nicht mehr möglich.[169] Dennoch arbeitete Rudolf Steiner auf dem Krankenlager bis zuletzt weiter, unter anderem an großen Michaels-Texten, die ab dem Herbst 1924 entstanden und den Mitgliedern der Allgemeinen Anthroposophischen Gesellschaft zugänglich wurden, an seinen autobiographischen Aufsätzen und an der Korrektur seines medizinischen Lehrbuches («die ganze Merkurmysterienweisheit wollte er geben»[170]). Über das sechsmonatige Krankenlager Rudolf Steiners berichtete Ita Wegman nach Steiners Tod in einem Artikel der Dornacher Wochenschrift vom 19. April 1925[171]; an Albert Steffen schrieb sie am 21. August 1925 darüber hinaus:

> Jeden Nachmittag um 6 Uhr sprach der Doktor mit mir die Meditationen, die er für geeignet fand, die verschiedene Male verändert wurden. Dieses mit mir Sprechen der Meditationen wurde auch während der Krankheit fortgesetzt, ja sogar den letzten Nachmittag vor seinem Tod meditierte und betete er mit mir. Christian Rosenkreuz spielt in diesen Meditationen eine große Rolle.[172]

Ita Wegman hatte nicht den Eindruck, in ihrer durch Rudolf Steiner intensiv geförderten und begleiteten spirituellen Schulung so weit gekommen zu sein, wie dies möglich und notwendig gewesen wäre – und bedauerte dies nachhaltig.[173] Andererseits bemühte sie sich nach Kräften, voller Ehrfurcht vor dem Inhalt des mit Rudolf Steiner Erlebten, vor Rudolf Steiner – und dem geistigen Auftrag, in dem er selbst dienend stand[174]. Wie dankbar Rudolf Steiner für Ita Wegmans Wegbegleitung war, drückte er ihr wiederholt und in verschiedener Weise aus.[175] In einem mantrischen Spruch formuliert er die Hilfe, die ihr dafür aus der geistigen Welt entgegenkommen würde: «*Wird sie dir liebend folgen / So kommen deine Geistgenossen / Ihr entgegen sie führend / Durch des Geistes sieben Sprossen.*»[176] Im selben Spruchzusammenhang hieß es in direkter Wendung der geistigen Wesen an Ita Wegman und im Hinblick auf Rudolf Steiner:

Sei ihm verständnisvoll ergänzend
Bei seiner Geistaufgabe Gelingen
Von der ein Bild sich darstellt
In seinem irdischen Vollbringen
Wir brauchen seines Geistes Wegesweite
Er braucht deines Wesens Mitgeleite.[177]

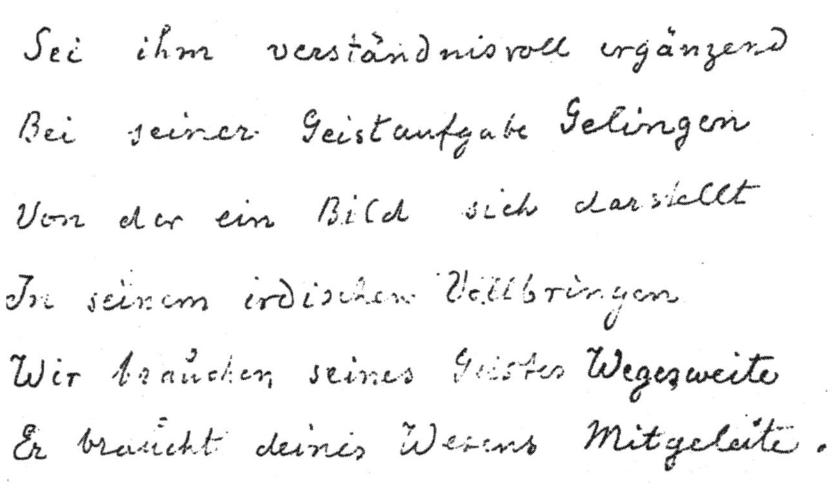
Sei ihm verständnisvoll ergänzend
Bei seiner Geistaufgabe Gelingen
Von der ein Bild sich darstellt
In seinem irdischen Vollbringen
Wir brauchen seines Geistes Wegesweite
Er braucht deines Wesens Mitgeleite.

Wie sehr Ita Wegman Rudolf Steiner tatsächlich «liebend folgte» und ihren Entschluss von München in den letzten zwei Jahren seines Lebens Realität werden ließ – ihm eine reale «Mitgeleiterin» und geistige Helferin wurde *(«Sei ihm verständnisvoll ergänzend / Bei seiner Geistaufgabe Gelingen»)* – beschrieb Rudolf Steiner in weiteren Zeilen:

> Wo das Licht in Geisteswesen
> Durch der Götter Willensmächte
> Strahlend Weltenkräfte sinnet
> Da bist Du mir Geistgenosse
> Zu erschauen Weltengründe
> In den Seelen Finsternissen;
> Da ergreif ich deiner Hände Milde
> Und erwirk' durch dich der Geister Taten.[178]

*

In diesem Sinne lebte und arbeitete Ita Wegman mit und für Rudolf Steiner bis zum 30. März 1925, dem Zeitpunkt seines Todes in der Vor-Osterzeit. In diesem Sinne und in bleibender Verbundenheit mit seiner Individualität[179] versuchte sie auch in den nachfolgenden Jahren, Rudolf Steiners Werk im 20. Jahrhundert im Bereich der Medizin, Heilpädagogik, Sozialtherapie und allgemeinen Anthroposophie fortzuführen[180] – im Zeichen des Rosenkreuzes und des «Michael-Christus» (26, 106). An einen heilpädagogischen Mitarbeiter schrieb Ita Wegman sieben Jahre nach Rudolf Steiners Tod:

> Und wenn Sie alle mithelfen, werden wir schon den Teil von R. Steiners Intentionen, die auch mit mir, mit meiner Individualität zusammenhängen, durchsetzen, wenigstens so viel als unsere Kräfte es können, oder so viel als für die Zukunft gerettet werden muss.[181]

Zu diesem «Teil» von Rudolf Steiners «Intentionen», die mit ihrer Individualität verbunden waren, gehörte nicht zuletzt die erste Klasse der Freien Hochschule für Geisteswissenschaft:

> Für diese Michaelschule habe ich innerlich eine Verpflichtung und nach dieser Verpflichtung will ich meine Handlungen auch richten und die Verantwortung tragen.[182]

So wollte Ita Wegman das in München Begonnene in die Zukunft führen.[183]

Anhang

Ita Wegman: Michael und die Anthroposophie (1925)[184]

> Michael will die Menschen zu Christus führen, und er sucht seine Kämpfer dafür.
>
> *Ita Wegman*[185]

> Michael wird Hüter der Anthroposophie, weil er in der Anthroposophie diejenigen Menschen zu finden hofft, die ihm *dienen,* und weil er mit diesem Dienen die Anthroposophie behüten will, bis der große Lehrer wiederkommt.
>
> *Ita Wegman*[186]

Von einer Vertiefung der Anthroposophie, von einer neuen Richtung in der Anthroposophischen Bewegung sprach Rudolf Steiner innerhalb der Weihnachtstagung und in der Zeit, die folgte nach der Weihnachtstagung. Was meinte er damit? Er sprach von einer Michael-Strömung, die durch Anthroposophie in der Erdenentwicklung sich geltend machen und die in ihr sich ausleben will. Eine Durchdringung des Erdenlebens mit der Michael-Kraft, mit Michael-Willen ist dasjenige, was geschehen musste. Und so ist es ungemein wichtig, dass das ganze anthroposophische Geisteswissen, das von dem Geistesforscher Rudolf Steiner schon vor so vielen Jahren mit so viel Mut, ungeheurer Frische und Tatkraft aus der geistigen Welt heruntergeholt worden ist, mit dieser Michael-Strömung bewusst in Verbindung gebracht wird. In dem Bewusstwerden dieser Michael-Wirkung in die Anthroposophie hinein liegt die Vertiefung. Ein mächtiges Bild muss entstehen, durch die neuen Michaels-Impulse beleuchtet, vom ganzen anthroposophischen Geisteswissen, das aus sektenmäßiger Wirksamkeit herausgehoben werden muss in die allumfassende

Weltenwirkung, die immer mit Michael zusammenhängt. Nicht einzelne Inseln dürfen in der Anthroposophischen Gesellschaft entstehen, in denen Anthroposophie gelehrt, aber dabei vergessen werden könnte die Durchkraftung dieses Wissens mit Michaels-Impulsen zu betonen.

Entstehen diese Inseln, wird die Michael-Wirkung nicht bewusst in den Herzen der Menschen aufgenommen und verstanden, dann wird die Gefahr entstehen, dass eine Verflachung der anthroposophischen Lehren in kurzer Zeit eintritt und Ahriman, im Menschen wirkend, Besitz ergreifen wird von diesem Wissen und die Anthroposophische Gesellschaft dieses Wissens beraubt wird.

Warum ist Michael für uns so wichtig? Durch Rudolf Steiner wissen wir, dass Michael, der früher die kosmische Intellektualität verwaltet hat und diese Intellektualität während des Fortganges der Erdenentwicklung hat abgeben müssen, weil die Freiheit, die in der Entwicklung des Menschen kommen musste, diese Intellektualität in ihm erfordert, weiß, wie mit dieser Intellektualität im Menschen auch große Gefahren für den Menschen erwachsen. Deshalb möchte er dasjenige, was in den Menschen als Intelligenz sich entwickelt, fortdauernd im Zusammenhang mit den göttlich-geistigen Wesenheiten erhalten. Geschieht dies nicht, dann entsteht die große Gefahr, dass ahrimanische Wesenheiten, die von der Tatsache der Loslösung der Intelligenz von den Göttern wissen, diese Intelligenz in sich aufnehmen und mit sich vereinen. Damit würden sie die mächtigsten Intelligenzen des Kosmos werden.

Michael kennt diese Gefahren sehr genau, weiß auch, dass der Mensch noch nicht die Fähigkeiten hat zum Erkennen dieser Gefahren und dem Ahriman verfallen muss, käme er zu einer Begegnung mit ihm. Deshalb hält Michael die ahrimanischen Mächte unter seinem Fuß und stößt sie fortwährend zurück in eine untermenschliche Welt, zu der der Mensch, wenn er sich in der richtigen Art entwickelt, keinen Zugang findet. Damit wird Ahriman von Michael im Zaum gehalten und es äußert sich dieses Geschehen, dieses Tun im Menschenbewusstsein als ein gewaltiges Bild, als das Bild des Drachen, der von Michael bekämpft und in den Abgrund gestoßen wird. Die beständige Sorge Michaels ist: wird er die Menschen von Ahriman fernhalten können, werden die Menschen die anderen, die auf die Erde heruntergestiegen sind, erfassen und ihm folgen? Das ganze Weisheitsgut der Anthroposophie ist durchchristete Kosmosweisheit, sie ist durch Vermittlung der mächtigen Geistwesenheit in Rudolf Steiner durch ihn auf die Erde gekommen, Menschen haben sie empfangen.

Schwache Menschenhände hüten sie, stark werdende Menschen-Intellektualität kann sie in Gefahr bringen.

Bis jetzt war Rudolf Steiner inmitten dieser Menschen; seine Erdenaufgabe war es, den von Intellektualität ergriffenen Menschen Christus-Weisheit zu bringen, um sie durch diese Weisheit in der Entwicklung so weit zu bringen, dass sie den Christus erkennen und ihm folgen und den Ahriman bekämpfen können. Schritt für Schritt hat er sie geführt, Weisheit einträpfelnd, während Michael die Intellektualität freigab Stück für Stück. Zusammen gingen sie, zum Heile der Menschheit, hütend und gebend.

Michael näherte sich immer mehr und mehr dem Menschen und wirkt jetzt als reale Macht unter den Menschen. Davon sprach die Weihnachtstagung. Es sprach die Weihnachtstagung von Anthroposophie, die Weisheitsgut derjenigen Götter ist, denen Michael dient, sie sprach von der kosmischen und menschlichen Intellektualität, die Michaels-Geschenk an die Menschen ist. Alles dies ist jetzt für diejenigen Menschen da, die offenen Herzens und guten Willens sind.

Aber die Menschen schweben in Gefahr. Anti-Michael-Mächte sind bereit, die Intelligenzen aufzusaugen, die Götterweisheit zu verfinstern und zu verflachen, sodass deren Kräfte nicht mehr wirksam sein können, und Menschen die Weisheit nicht mehr begreifen können.

Der Menschenmund, der Götter-Weisheit uns brachte, ist jetzt verschlossen und kann nicht mehr in Menschensprache uns warnen und lenken.

Ernst müssen wir nehmen, was er gesagt hat, was er in den Mittelpunkt der Anthroposophie gestellt hat, die Michaels-Strömung. *Michael ist mit den Menschen Hüter der Anthroposophie.* Möge eine genügende Anzahl von Menschen sich bewusst werden, welch eine reale Wirkungsmacht Michael unter den Menschen ist, mögen alle diejenigen, die die Kraft und den Mut haben, den Michael-Gedanken in der Seele nicht nur zur Offenbarung bringen, sondern in ihren Taten lebendig machen, mögen sie treue Diener des Michael werden, um ihn zum Siege zu bringen und mit diesem Siege die Menschheit über die große Krise, in die sie versetzt ist, hinauszuführen.

Dann wird auch jene Anzahl von Menschen sich zusammenfinden, von der unser großer Führer gesprochen hat, die er benötigte, um seine und Michaels Intentionen zu vollbringen. Sie werden zusammenkommen, durch das Gewissen zur Tat entzündet, weil in dem Gewissen die höchsten Götter ihre Sprache reden.

Sie werden angeregt werden, innerlich sich als Diener Michaels zu bekennen, in Zeit und Ewigkeit, in der Götterliebe, in des Kosmos Höhen.

Sei in Zeit und Ewigkeit
Schüler im Lichte Michaels
In der Götter Liebe
In des Kosmos Höhen.

Literaturverzeichnis

a) Im Text und in den Anmerkungen direkt zitierte Werke der Rudolf Steiner-Gesamtausgabe (GA). Rudolf Steiner Verlag, Dornach (Schweiz)

GA 26 *Anthroposophische Leitsätze* (1924/1925): 10. Auflage 1998.
GA 28 *Mein Lebensgang* (1923–1925): 9. Auflage 2000.
GA 34 *Lucifer-Gnosis* (1903–1908): 2. Auflage 1987.
GA 40 *Wahrspruchworte* (1886–1925): 9. Auflage 2005.
GA 96 *Ursprungsimpulse der Geisteswissenschaft* (1906/07): 2. Auflage 1989.
GA 99 *Die Theosophie des Rosenkreuzers* (1907): 7. Auflage 1985.
GA 103 *Das Johannes-Evangelium* (1908): 11. Auflage 1985.
GA 104 *Die Apokalypse des Johannes* (1908): 7. Auflage 1985.
GA 126 *Okkulte Geschichte* (1910/11): 5. Auflage 1992.
GA 130 *Das esoterische Christentum und die geistige Führung der Menschheit* (1911/12): 4. Auflage 1995
GA 158 *Der Zusammenhang des Menschen mit der elementarischen Welt* (1912–1914): 4. Auflage 1993
GA 186 *Die soziale Grundforderung unserer Zeit – In geänderter Zeitlage* (1918): 3. Auflage 1990.
GA 223 *Der Jahreskreislauf als Atmungsvorgang der Erde und die vier großen Festeszeiten* (1923): 7. Auflage 1990.
GA 224 *Die menschliche Seele in ihrem Zusammenhang mit göttlich-geistigen Individualitäten* (1923): 3. Auflage 1992.
GA 227 *Initiations-Erkenntnis* (1923): 4. Auflage 2000.
GA 233 *Die Weltgeschichte in anthroposophischer Beleuchtung und als Grundlage der Erkenntnis des Menschengeistes* (1923/24): 5. Auflage 1991.
GA 233a *Mysterienstätten des Mittelalters* (1924): 5. Auflage 1991.
GA 236 *Esoterische Betrachtungen karmischer Zusammenhänge.* Zweiter Band (1924): 6. Auflage 1988.
GA 237 *Esoterische Betrachtungen karmischer Zusammenhänge.* Dritter Band (1924): 6. Auflage 1988.
GA 238 *Esoterische Betrachtungen karmischer Zusammenhänge.* Vierter Band (1924): 6. Auflage 1991.

GA 239 *Esoterische Betrachtungen karmischer Zusammenhänge.* Fünfter Band (1924): 3. Auflage 1985.
GA 240 *Esoterische Betrachtungen karmischer Zusammenhänge.* Sechster Band (1924): 5. Auflage 1992.
GA 259 *Das Schicksalsjahr 1923 in der Geschichte der Anthroposophischen Gesellschaft* (1923): 1. Auflage 1991.
GA 260 *Die Weihnachtstagung zur Begründung der Allgemeinen Anthroposophischen Gesellschaft* (1923/1924): 5. Auflage 1994.
GA 260a *Die Konstitution der Allgemeinen Anthroposophischen Gesellschaft und der Freien Hochschule für Geisteswissenschaft* (1924/25): 2. Auflage 1987.
GA 261 *Unsere Toten. Ansprachen, Gedenkworte und Meditationssprüche 1906–1924*: 2. Auflage 1984.
GA 262 *Rudolf Steiner / Marie Steiner-von Sivers: Briefwechsel und Dokumente 1901–1925:* 2. Auflage 2002.
GA 263/1 *Rudolf Steiner / Edith Maryon: Briefwechsel (1912–1924):* 1. Auflage 1990.
GA 264 *Zur Geschichte und aus den Inhalten der ersten Abteilung der Esoterischen Schule 1904 bis 1914:* 2. Auflage 1996.
GA 265 *Zur Geschichte und aus den Inhalten der erkenntniskultischen Abteilung der Esoterischen Schule von 1904 bis 1914:* 1. Auflage 1987.
GA 270 *Esoterische Unterweisungen für die erste Klasse der Freien Hochschule für Geisteswissenschaft am Goetheanum 1924.* Drei Bände: 2. Auflage 1999.
GA 284 *Bilder okkulter Siegel und Säulen:* 3. Auflage 1993
GA 319 *Anthroposophische Menschenerkenntnis und Medizin* (1923/24): 3. Auflage 1994.

b) Berücksichtigte Sekundärliteratur

Bock, Emil: *Rudolf Steiner. Studien zu seinem Lebensgang und Lebenswerk.* Stuttgart [1]1961.

Kiersch, Johannes: *Zur Entwicklung der Freien Hochschule für Geisteswissenschaft. Die Erste Klasse.* Dornach 2005.

Kirchner-Bockholt, Margarete und Erich: *Die Menschheitsaufgabe Rudolf Steiners und Ita Wegman.* Dornach 1976.

Lindenberg, Christoph: *Rudolf Steiner. Eine Biographie.* 2 Bände. Stuttgart 1997.

Prokofieff, Sergej O.: *Rudolf Steiner und die Grundlegung der neuen Mysterien.* Stuttgart [1]1982

- ders.: *Die Geburt der christlichen Esoterik im 20. Jahrhundert und die ihr widerstrebenden okkulten Mächte.* Dornach 1997.

- ders: *Menschen mögen es hören. Das Mysterium der Weihnachtstagung.* Stuttgart [1]2002.

- ders.: *Die Grundsteinmeditation. Ein Schlüssel zu den neuen christlichen Mysterien.* Dornach 2003.

Selg, Peter: *«Ich bin für Fortschreiten». Ita Wegman und die medizinische Sektion.* Dornach [1]2002.

- ders.: *Die «Wärme-Meditation». Geschichtlicher Hintergrund und ideelle Beziehungen.* Dornach [1]2005.

- ders.: *Rudolf Steiner und das Fünfte Evangelium. Eine Studie.* Dornach 2005

- ders.: *Ita Wegman und Arlesheim.* Dornach 2006.

- ders.: *«Die Medizin muss Ernst machen mit dem geistigen Leben». Rudolf Steiners Hochschulkurse für die «jungen Mediziner».* Dornach 2006.

- ders.: *Rudolf Steiner. Zur Gestalt eines geistigen Lehrers.* Dornach 2007.

Wegman, Ita: *An die Freunde.* Arlesheim [1]1960.

Wiesberger, Hella: *Rudolf Steiners esoterische Lehrtätigkeit. Wahrhaftigkeit, Kontinuität, Neugestaltung.* Dornach 1997.

Zeylmans van Emmichoven, Emanuel: *Wer war Ita Wegman. Eine Dokumentation.* 3 Bände. Heidelberg [1]1990/92.

Zeylmans van Emmichoven, Willem: *Der Grundstein.* Stuttgart [1]1956.

Anmerkungen

1 Notizbucheintragung Ita Wegmans, 1933 (Vortragsentwurf für einen Gedenkvortrag über Rudolf Steiner zum 27.2.1933 in London). Ita Wegman Archiv, Arlesheim (Ita Wegman Institut). Vgl. a. Emanuel Zeylmans van Emmichoven: *Wer war Ita Wegman. Eine Dokumentation.* Band 1. Heidelberg [1]1990, S. 294ff.

2 Ita Wegman Archiv, Arlesheim. Vgl. a. Emanuel Zeylmans van Emmichoven: *Wer war Ita Wegman. Eine Dokumentation.* Band 1, S. 207 bzw. S. 384f. (Faksimile).

3 Christoph Lindenberg. *Rudolf Steiner. Eine Biographie. Band* 1. 1861–1914. Stuttgart 1997, S. 426.

4 Notizblatt Ita Wegmans, 1933 (Ita Wegman Archiv, Arlesheim). Vgl. a. Emanuel Zeylmans van Emmichoven: *Wer war Ita Wegman. Eine Dokumentation.* Band 1, S. 290 bzw. 291 (Faksimile).

5 Zutreffend schrieb Johannes Kiersch in seiner Studie über die Geschichte der ersten Klasse, dass die Bedeutung Ita Wegmans für die erste Klasse der Dornacher Hochschule – bzw. ihre Beziehung zu Rudolf Steiner im Zustandekommen der Hochschule überhaupt – durch die 1990/1992 publizierte Wegman-Dokumentation von Emanuel Zeylmans zwar aufgedeckt, aber seither keinesfalls *«hinreichend rezipiert»* worden sei. In abschwächender Relativierung seiner eigenen Aussagen fuhr Kiersch dann jedoch im Hinblick auf die geistigen Hintergründe der Zusammenarbeit Rudolf Steiners mit Ita Wegmans fort: «Damit werden Sachverhalte berührt, die von Rudolf Steiner jederzeit mit strengster esoterischer Disziplin behandelt und von ihm nicht einmal im Kreis des Weihnachtstagungs-Vorstands explizit angesprochen worden sind, von denen aber hier in angemessener Form die Rede sein muss, wenn die tieferen Dimensionen des Geschehens nicht völlig ausgeblendet bleiben sollen. Zumindest muss, wenn ein ausgewogenes Gesamtbild erscheinen soll, bedacht werden, dass es solche Dimensionen gegeben haben könnte, auch wenn nur wenige Indizien dafür zuverlässig gesichert sind [...].» (Johannes Kiersch: *Zur Entwicklung der Freien Hochschule für Geisteswissenschaft. Die Erste Klasse.* Dornach 2005, S. 51f.). – Zu dem realiter breit dokumentierten Nachweis der damit gemeinten Zusammenhänge vgl. jedoch die umfassende Studie von Zeylmans, die entsprechenden Bände der

Rudolf Steiner-Gesamtausgabe (v.a. GA 126; GA 233; GA 237; GA 238; GA 240; GA 243; GA 270/III; GA 319), die bereits 1976 publizierte und mit zahlreichen Originalhandschriften Rudolf Steiners versehene Arbeit von Margarete und Erich Kirchner-Bockholt (*Die Menschheitsaufgabe Rudolf Steiners und Ita Wegman)* sowie Peter Selg: *«Ich bin für Fortschreiten». Ita Wegman und die medizinische Sektion.* Dornach [2] 2004 und *Ita Wegman und Arlesheim,* Dornach 2006. Angesichts dieses veröffentlichten Materials (und seiner kontextuellen Betrachtung durch Sergej O. Prokofieff in *Menschen mögen es hören. Das Mysterium der Weihnachtstagung.* Stuttgart [1]2002, S. 386ff.) davon zu sprechen, dass es die Schicksalsdimension der Zusammenarbeit Rudolf Steiners mit Ita Wegmans gegeben haben *«könnte»* – auch wenn dieselbe nur durch *«wenige Indizien»* zuverlässig gesichert sei –, ist möglicherweise diplomatisch motiviert, jedoch sachlich falsch. Vieles spricht dafür, dass Rudolf Steiners eröffnende Worte des Stuttgarter Kurses über «okkulte Geschichte», denen zufolge am «Abgrund zwischen den allgemeinen und besonderen Wahrheiten» in anthroposophischen Kreisen die «Ungläubigkeit» beginne, nach wie vor volle Gültigkeit besitzt (126, 9) – und dies offensichtlich auch dann, wenn die «besonderen [Schicksals-]Wahrheiten» von Rudolf Steiner selbst und in handschriftlicher Weise dokumentiert bzw. autorisiert worden sind.

6 – und auch nicht in der psychologisch banalisierenden und vollkommen verfremdenden Lesart Helmut Zanders (*Anthroposophie in Deutschland. Theosophische Weltanschauung und gesellschaftliche Praxis* 1884–1945. Göttingen 2007), der trotz Kenntnis der entsprechenden Literatur und in bewusster Entstellung der Verhältnisse sie zu einer späten «Liebesgeschichte» Rudolf Steiners werden ließ. (Steiner verdeckte nach Zander seine «emotionale Nähe» zu Ita Wegman «in weltanschaulicher Terminologie» [ebd., S. 1533] und ließ sich «durch die fortbestehenden Interventionen seiner Frau nicht von seiner neuen Liebe abbringen» [ebd., S. 1534], schrieb «schwärmerisch» geprägte «Liebesbriefe» [ebd., S. 1535] bzw. «Liebesgedichte» [ebd., S. 1537] für Wegman – und «verkleidete» seine Leidenschaft «in medizinische Dienstfragen» [ebd.], ohne sich zu seiner «erotischen Freundschaft» [ebd.] zu bekennen.) Schließlich unterstellte Zander in seiner (scheinbar) «wissenschaftlich-historiographischen» Publikation, Rudolf Steiner hätte die Wegman bezogenen Aspekte seiner Schicksals-Vorträge lediglich entfaltet, um seiner «erotischen Freundschaft» eine vermeintliche Begründung zu geben: «Die

öffentliche Bearbeitung dieses Verhältnisses bedurfte, da freie Liebe nicht zu den lebensreformerischen Zielen unter Anthroposophen zählte, eines Überbaus, und der hieß in der theosophischen Tradition Karma.» (ebd.) Ein größeres Missverständnis der Anliegen, des Vorgehens, des Werkes und der Persönlichkeit Rudolf Steiners erscheint – trotz maximaler Belesenheit – kaum denkbar (vgl. Peter Selg: *Rudolf Steiner. Zur Gestalt eines geistigen Lehrers. Eine Einführung.* Dornach 2007).

7 Ita Wegman: Notizbucheintragung 1934. Ita Wegman Archiv, Arlesheim. Wiedergabe und (Teil-)Transkription des entsprechenden Textes in: Peter Selg: *Geistiger Widerstand und Überwindung. Ita Wegman 1933–1935.* Dornach 2005, S. 94ff. – «Die tiefste Esoterik könnte darin bestehen, bisher divergierende frühere geistige Strömungen in einigen ihrer Repräsentanten jetzt zum harmonischen Ausgleich zu bringen. Das wäre eine esoterische Aufgabe gewesen, die im Zusammenwirken mit Dr. Steiner durch seine überragende Einsicht, Kraft und Liebesfähigkeit hätte gelöst werden können.» (Marie Steiner-von Sivers: Vorwort zur Erstausgabe des Bandes *Die Weihnachtstagung zur Begründung der Allgemeinen Anthroposophischen Gesellschaft.* Zit. n. Peter Selg: *Marie Steiner-von Sivers. Aufbau und Zukunft des Werkes von Rudolf Steiner.* Dornach 2006, S. 354).

8 Vgl. im Hinblick auf Marie Steiner-von Sivers die m. E. weiterführende Studie von Wilfried Hammacher: *Marie Steiner. Lebensspuren einer Individualität.* Stuttgart 1998. – Einen ersten und grundlegenden Versuch, der geistigen Bedeutung von Marie Steiner-von Sivers *und* Ita Wegman gerecht zu werden, legte Sergej O. Prokofieff 2002 in seinem Buch *Menschen mögen es hören. Das Mysterium der Weihnachtstagung*, S. 381 ff., vor.

9 Zur prinzipiellen Bedeutung der (Nach-)Erlebnisqualität für ein tieferes Verständnis geschichtlicher Ereignisse und zur Ausbildung spezifischer Wahrnehmungs- und Erkenntnisqualitäten vgl. u.a. die methodischen Gesichtspunkte Rudolf Steiners, die im Kontext der Vorträge über das «Fünfte Evangelium» eröffnet wurden (s. Peter Selg: *Rudolf Steiner und das Fünfte Evangelium. Eine Studie.* Dornach 2005, S. 37ff. und Peter Selg: *Die Kultur der Selbstlosigkeit. Rudolf Steiner, das Fünfte Evamgelium und das Zeitalter der Extreme.* Dornach 2006, S. 21ff.)

10 Aus Landin in der Mark Brandenburg schrieb Marie von Sivers am 18.7. 1906 über den beabsichtigten Herbstaufenthalt in Barr und bemerkte bei dieser Gelegenheit: «[…] Wir könnten uns über die Einrichtung Ihres

Mysteriendramas für die Bühne unterhalten.» (284, 22). Als Marie von Sivers Schuré dann in Barr ihre Bitte um die Aufführungsrechte des Dramas im kommenden Jahr bat, war dieser «freudig überrascht» (ebd.) und gab offensichtlich nur zögernd seine Zustimmung. Am 10. November schrieb Marie von Sivers daraufhin noch einmal aus Berlin an ihn: «Ich glaube, dass Sie nicht viel riskieren, zumal ja die Aufführung keine öffentliche sein wird. [...] Manchmal kommen einem, wenn man die Dinge mit Energie und gutem Willen in die Hand nimmt, die Sterne zu Hilfe. Sie inspirieren uns und senden uns die guten Schutzgeister. Wer weiß, ob ein solches Unternehmen, mit Mut und Glauben durchgeführt, nicht die Pforte für größere Erfolge öffnen könnte. Wenn man nicht selbst aktiv ist, kann man nicht erwarten, dass die anderen etwas riskieren. Natürlich muss man sich auf eine Riesenarbeit gefasst machen. Wenn Sie ablehnen, wird Dr. Steiner selbst etwas im Sinne der antiken Mysterien verfassen, denn wir legen Wert auf das Mysterium; aber wir hätten sehr gerne das Ihrige.» (284, 23) Vgl. zum weiteren Fortgang dieser Inszenierung und des diesbezüglichen Briefwechsels von Marie von Sivers mit Edouard Schuré auch Hella Wiesberger: *Marie Steiner-von Sivers. Ein Leben für die Anthroposophie.* Dornach 1989, S. 248ff. (Schuré kam selbst nicht zur Inszenierung und bedauerte dies im nachhinein tief und nachhaltig – vgl. seine Briefe an Marie von Sivers vom 23.5.1907, 7.6.1907 und 14.6.1907; seine vermeintliche Identifizierung auf dem Münchner Kongressphoto in Rudolf Steiner: *Das graphische Werk.* GA Band K 45 [Bildband]. Dornach 2005, S. 13 ist nachweislich falsch).

11 Mathilde Scholl (Hg.): *Mitteilungen für die Mitglieder der Deutschen Sektion der Theosophischen Gesellschaft (Hauptquartier Adyar).* No. IV, Januar 1907, S. 3.

12 Bereits am 25.11.1905, eineinhalb Jahre vor dem Münchner Kongress, hatte Rudolf Steiner an Marie von Sivers über die Notwendigkeit der künstlerischen Schaffung neuer, geistgemäßer Formen geschrieben: «Dies sollte unser Ideal sein: *Formen* zu schaffen als Ausdruck des inneren Lebens. Denn einer Zeit, die keine Formen schauen und schauend schaffen kann, muss notwendigerweise der Geist zum wesenlosen Abstraktum sich verflüchtigen und die Wirklichkeit muss sich diesem bloß abstrakten Geist als geistlose Stoffaggregation gegenüberstellen. – Sind die Menschen imstande, wirklich Formen zu verstehen, z.B. die Geburt des Seelischen aus dem Wolkenäther der sixtinischen Madonna: dann gibt es bald für sie keine geistlose Materie mehr.» (262, 125). Knapp ein Jahr später, im Ok-

tober 1906, hatte Rudolf Steiner auch in einem Berliner Vortrag gesagt: «Durch die Ausbreitung der geisteswissenschaftlichen Lehren wird die Welt wieder mit einem geistigen Inhalt erfüllt werden. Wenn sich dann später das geistige Leben in äußeren Formen auslebt, dann werden wir einen Stil haben, der dieses geistige Leben ausdrückt. Was in der Geisteswissenschaft lebt, muss sich später in den äußeren Formen ausprägen. So müssen wir die Mission der Geisteswissenschaft als eine Kulturmission betrachten.» (96, 162f.)

13 Ausgesprochen zufrieden, ja glücklich und dankbar über die gelungene Gemeinschaftsarbeit äußerte sich Rudolf Steiner in einem späteren Rückblick auf den Münchner Pfingstkongress – und sagte: «Alles, was da zu leisten war, wurde von unseren lieben Münchener Freunden in einer nicht nur hingebungsvollen, sondern geradezu umfassend verständnisvollen Weise geleistet, so dass sich in dieser Arbeit am schönsten auslebte, was man theosophische Einheit und Harmonie nennt. Da war keiner, der nicht bereit war, die höchste geistige Arbeit neben der – was auf solchem Kongresse notwendig ist – kleinsten Handlangerarbeit zu leisten. Leute, die in ihrem ganzen Leben nicht gewohnt waren, solche Arbeit zu verrichten, schleppten große Dinge heran, die zu diesem oder jenem Zwecke bestimmt waren; andere hämmerten, andere strichen große Säulen an; kurz, es war alles hingebungsvolle Arbeit. Einkassiert konnten werden Gaben vom Tausendmarkschein bis zum Zehnpfennigstück. Umsichtig war die Verwaltung, die von München übernommen worden war, bis zu jener Arbeit, die gezeigt hat, wie die wirkliche Leistung, das wirkliche Zusammenarbeiten, die Menschen harmonisch macht. Wir haben es dahin gebracht, dass die tief befriedigende Aufführung des Mysteriendramas von Eleusis stattfinden konnte. Wenn Sie bedenken, was dazu alles gemacht werden musste, von der Übersetzung aus dem Französischen bis zu den Sandalen an den Füßen der Darsteller, die sämtlich Mitglieder waren und durch Wochen hindurch Proben mitmachen mussten; wenn Sie wüssten, wie es da zugegangen ist, wie schön und harmonisch alles vonstatten ging, wie die Arbeit von dem gemeinschaftlichen Gedanken und der Hingebung der Empfindung getragen war, dann könnten Sie den praktischen Wert ermessen, der sich ergibt, wenn ein gemeinsames Band der Arbeit alle umschlingt. So wie die Pflanze harmonisch der Sonne entgegenstrebt, so werden die Menschen harmonisch, wenn sie von den gleichen Empfindungen beherrscht werden. – Dass alles so geworden ist, wie es geworden ist, das haben wir dem guten Geiste dieses Korps

der Mitwirkenden an unserm Münchener Kongress zu verdanken. Es lebte bei allen diesen Vorbereitungen wirklich der Geist der Eintracht in der damaligen Münchener Arbeitsgemeinschaft, die in dieser Beziehung gewissermaßen vorbildlich sein könnte für die Art und Weise, wie überhaupt in der Theosophischen Gesellschaft zusammengewirkt und gearbeitet werden kann.» (284, 89f.)

14 Vgl. hierzu u.a. die dokumentarischen Darstellungen von Hella Wiesberger: *Marie Steiner-von Sivers. Ein Leben für die Anthroposophie*, S. 242ff. und Peter Selg: *Marie Steiner-von Sivers. Aufbau und Zukunft des Werkes von Rudolf Steiner.* Dornach 2006, S. 57ff.

15 – so Rudolf Steiner in dem Programmtext des Kongresses (284, 25)

16 Über diese Farbgebung schrieb Rudolf Steiner innerhalb eines Kongressberichtes: «Der Versammlungssaal war von uns so ausgekleidet worden, dass ein frisches, anregendes Rot die Grundfarbe aller Wände bildete. Diese Farbe sollte die Grundstimmung der Festlichkeit in äußerer Anschauung zum Ausdruck bringen. Es ist naheliegend, dass gegen die Verwendung des «Rot» zu diesem Zwecke manches eingewendet werden wird. Diese Einwände sind berechtigt, solange man auf ein exoterisches Urteil und Erleben sich stützt. Sie sind dem Esoteriker wohlbekannt, der dennoch im Einklange mit aller okkulten Symbolik die rote Farbe zu dem hier in Betracht kommenden Zwecke verwenden muss. Denn ihm darf es dabei *nicht* ankommen auf das, was der Teil seines Wesens empfindet, der sich der unmittelbaren sinnlichen Umgebung hingibt; sondern was im Geistigen schaffend das höhere Selbst im Verborgenen erlebt, während die äußerliche Umwelt physisch rot gesehen wird. Und das ist das genaue Gegenteil von dem, was die gewöhnliche Empfindung über das «Rot» aussagt. Die esoterische Erkenntnis sagt: «Willst du dich im Innersten so stimmen, wie die Götter gestimmt waren, da sie der Welt die grüne Pflanzendecke schenkten, so lerne in deiner Umgebung das ‹Rot› ertragen, wie sie es mussten.» Damit ist auf einen – hier in Betracht kommenden – Bezug der höheren Menschennatur zum «Rot» hingedeutet, den der echte Esoteriker im Sinne hat, wenn er in der okkulten Symbolik die beiden entgegengesetzten Wesenheiten des schaffenden Weltgrundes so darstellt, dass nach unten das Grün als Zeichen der irdischen, nach oben das «Rot» deutet als Zeichen der himmlischen (elohistischen) Schöpferkräfte. Man könnte noch viel von diesen Gegengründen gegen dieses «Rot» sagen, und viel zur Widerlegung; doch es möge hier diese kurze Andeutung darüber genügen, dass diese Farbe im Einklange mit

dem Okkultismus gewählt worden ist.» (34, 593f.) Nach Mathilde Scholl begründete Rudolf Steiner auch auf dem Kongress selbst die rote Farbe: «Exoterische Stätten, fuhr Herr Dr. Steiner fort, in denen äußerlich und in Symbolen von den Geheimlehren gesprochen wird, tragen die blaue Farbe. Die rosenkreuzerische Weltanschauung drückte das Esoterische in der roten Farbe aus. Wäre diese rosenkreuzerische Weltanschauung in der Ausgestaltung des Saales vollständig zum Ausdruck gekommen, dann hätte über den roten Wänden sich noch eine blaue Decke ausdehnen müssen.» (284, 102)

17 Von der «Idee des Tempels» schrieb Marie von Sivers bereits am 10. Oktober 1906 an Edourd Schuré («Wir können versuchen, uns [in München] der Idee des Tempels zu nähern.» 284, 23)

18 Hella Wiesberger schrieb in ihrer Einleitung zur Erstausgabe des GA Bandes 284 *(Bilder okkulter Siegel und Säulen. Der Münchner Kongress Pfingsten 1907 und seine Auswirkungen)*: «Die Unvollkommenheit der künstlerischen Gestaltung der apokalyptischen Siegel durch die Malerin Clara Rettich stieß von Anfang an auf viel Kritik, jedoch war sich Rudolf Steiner dessen selbst voll bewusst. Warum er trotzdem diese Siegelbilder nach dem Münchner Kongress veröffentlichte, wird deutlich aus seiner folgenden Äußerung gegenüber einem Kritiker: «Jenes Gespräch im Münchner Kongresssaale, wo Sie die Siegel unkünstlerisch nannten und ich erwiderte ‹aber richtig›, haben Sie nämlich missverstanden. Ich war mit Ihnen *ganz* einverstanden, und hätte *sehr, sehr* gerne diese Dinge künstlerisch gehabt. Doch muss der Okkultist *realistisch,* nicht chimärisch denken und so muss er dasjenige nehmen, was zu haben ist. ‹Aber richtig› sagt daher auch alles. Das ist es nämlich, worauf es ankommt, dass gegenwärtig kein Künstler das dem *wirklichen* Leben nachschaffende Vermögen hat. Und so hat man nur die Wahl: entweder die formell-abstrakte Andeutung inneren Lebens und Gehaltes bei äußerlich unkünstlerischer Formgebung; oder die in sich toten Formen und Schemen, die heute vielfach künstlerisch genannt werden, und die auf den Kenner wirklichen Lebens ungefähr wirken wie Leichname, die Leben vortäuschen sollen» (Briefentwurf an Unbekannt vom 12. April 1909) Vgl. 284, 13f.

19 Rudolf Steiner überschritt das ursprüngliche Budget des Kongresses schließlich bei weitem, sagte jedoch in seinem späteren Rechenschaftsbericht auf der Generalversammlung der deutschen Sektion der Theosophischen Gesellschaft am 20.10.1907 in Berlin: «Was noch zu bemerken

ist, ist der Umstand, dass die für den Kongress normierte Ausgabe in Höhe von 4500 Mark, mit welchen wir durchzukommen glaubten, weit überschritten ist. *Der Kongress ist dadurch um so schöner geworden.* Es ist hier in tief dankenswerter Weise zu erwähnen, dass sich gerade bei dieser Gelegenheit ein so gründliches Verständnis, insbesondere in der Deutschen Sektion gezeigt hat. Wir haben viel Geld gebraucht; es hat sich aber gezeigt, dass da, wo es darauf ankommt, theosophisches Leben zu haben, auch Verständnis und Geneigtheit vorhanden ist, Opfer zu bringen. Ein Defizit ist daher nicht zu verzeichnen.» (284, 89; Hervorhebung v.V.)

20 Vgl. hierzu das Gespräch Margarita Woloschinas mit Rudolf Steiner: «Dann fragte ich, warum er das Drama von Eduard Schuré in München aufführen lasse. ‹Ich finde es unkünstlerisch wie einen schlechten Öldruck.› ‹Es freut mich, dass Sie es unkünstlerisch finden, ich finde es auch. Aber ich kann doch nicht die naturalistischen Dramen von Gerhart Hauptmann spielen lassen!› Er meine, Hauptmann sei ein sehr begabter Dramatiker, ‹aber es ist nicht das, was die Menschen in diesem Falle brauchen.› ‹Könnte man denn nicht Äschylos oder Sophokles aufführen?› belehrte ich Rudolf Steiner. ‹Mit diesen Spielern? O nein! Ich habe zuviel Ehrfurcht vor diesen Geistern, als dass ich es mit den Menschen, die ich bei der Hand habe, wagen dürfte. Sehen Sie›, fuhr er fort, ‹Sie sind eine kontemplative Natur, aber ich muss tätig sein. Und ich muss mit dem Material arbeiten, das ich unter den Händen habe.›» (Margarita Woloschina: *Die grüne Schlange. Lebenserinnerungen.* Stuttgart [7]1997, S. 215).

21 In der Zeitschrift *Lucifer-Gnosis* hatte Rudolf Steiner geschrieben, Schuré habe es vermocht, das eleusinische Urdrama «mit hoher künstlerischer Anschauung und wahrer Intuition» nachzubilden (34, 156). – Zur grundlegenden Bedeutung der Mysterienstätte von Eleusis für die Vereinigung von Wissenschaft, Kunst und Religion – und damit für den Münchner Kongress – vgl. Rudolf Steiners Münchner Vortrag vom 18.8.1911 (in: *Weltenwunder, Seelenprüfungen und Geistesoffenbarungen.* GA 129) sowie Wilfried Hammacher: *Marie Steiner. Lebensspuren einer Individualität.* Stuttgart 1998, S. 169f.

22 Auch in seinem Kongress-Bericht schrieb Rudolf Steiner in schlichter und direkter Weise: «[...] *Alles muss einmal anfangen.*» (284, 89; zu dem Mysterienspruch «Die Sonne schaue ...», den Rudolf Steiner Marie von Sivers kurz vor Weihnachten 1906 übergab, vgl. Rudolf Steiners Berliner

Ausführungen vom 17.12.1906, in: *Ursprungsimpulse der Geisteswissenschaft*. GA 96)

23 Zit. n. Hella Wiesberger: *Aus dem Leben von Marie-Steiner von Sivers.* Dornach 1956, S. 46ff.

24 «Das Rosenkreuzertum leitet das, was das Christentum gegeben hat, in die Zukunft weiter.» (284, 72)

25 – in den menschen- und weltkundlichen Ausführungen seines Vortrages referierte und zitierte Rudolf Steiner Paracelsus, Jean Paul und Franz von Assisi.

26 Im Herbst 1907, vier Monate nach dem Münchner Kongress, schrieb Rudolf Steiner in einem Text für Edouard Schuré über das Rosenkreuzertum und sein geschichtliches Wirken: «*Christian Rosenkreutz* ging in der ersten Hälfte des fünfzehnten Jahrhunderts nach dem Orient, um den Ausgleich zu finden zwischen der Initiation des Ostens und jener des Westens. Eine Folge davon war *die definitive* Begründung der Rosenkreuzerrichtung im Westen nach seiner Rückkehr. In dieser Form sollte das Rosenkreuzertum die streng geheimgehaltene Schule sein zur Vorbereitung dessen, was der Esoterik öffentlich als Aufgabe zufallen müsse um die Wende des 19. und 20. Jahrhunderts, wenn die äußere Naturwissenschaft zur vorläufigen Lösung gewisser Probleme gekommen sein werde. – Als diese Probleme bezeichnete Christian Rosenkreutz: 1) Die Entdeckung der Spektralanalyse, wodurch die materielle Konstitution des Kosmos an den Tag kam. 2) Die Einführung der materiellen Evolution in die Wissenschaft vom Organischen. 3) Die Erkenntnis der Tatsache eines anderen als des gewöhnlichen Bewusstseinszustandes durch die Anerkennung des Hypnotismus und der Suggestion. – Erst wenn *diese* materiellen Erkenntnisse innerhalb der Wissenschaft ausgereift wären, sollten gewisse rosenkreuzerische Prinzipien aus dem Geheimwissenschaftlichen in die öffentliche Mitteilung eintreten.» (262, 23)

27 «Das Prinzip des Rosenkreuzertums ist, den Geist in die Welt einzuführen, fruchtbare Arbeit für die Sache zu leisten.» (284, 72)

28 In seinem Bericht über den Münchner Kongress, den Rudolf Steiner seinem Berliner Vortrag vom 12. Juni 1907 integrierte, sagte er u.a.: «Er sollte eines zeigen, *was ja immer und immer wieder von mir betont worden ist in bezug auf unsere theosophische Sache* – er sollte zeigen, dass Theosophie nicht nur Gegenstand persönlichen Brütens und In-sich-Hineinlebens sein soll. Die theosophische Sache soll ins praktische Leben eingreifen, soll eine Sache der Bildung sein, eine Sache des Sich-Einlebens

in alle Zweige des praktischen Daseins. Nur wer ein tieferes Verständnis und einen tieferen Begriff von den eigentlichen Impulsen der theosophischen Sache hat, weiß schon heute, welche Möglichkeiten diese Theosophie in der Zukunft bieten wird.» (284, 71; Hervorhebung v.V.) Zur «rosenkreuzerischen» Wirkensrichtung der Geisteswissenschaft Rudolf Steiners im Hinblick auf die *«werktätige Erkenntnis»* und das *«praktische Leben»* vgl. u.a. seine bereits unmittelbar nach der Jahrhundertwende formulierten Gesichtspunkte zur geisteswissenschaftlich erweiterten Medizin (vgl. Peter Selg: «Eine kurze Skizze der Geschichte anthroposophischer Medizin bis zum Tod Rudolf Steiners». In: Peter Selg (Hg.): *Anthroposophische Ärzte im 20. Jahrhundert.* Dornach 2000, S. 25ff.), Pädagogik (vgl. Johannes Kiersch: «Einführung». In: Johannes Kiersch (Hg.): *Rudolf Steiner – Quellentexte für die Wissenschaften. Texte zur Pädagogik.* Dornach 2004, S. 11–55) und zur sozialen Frage (vgl. Peter Selg: *Die Arbeit des Einzelnen und der Geist der Gemeinschaft. Rudolf Steiner und das «Soziale Hauptgesetz».* Dornach 2007). – Für die – dem spirituellen Rosenkreuzertum zugehörige – theosophische Vortragstätigkeit Rudolf Steiners ab dem Herbst 1900 und für Rudolf Steiner selbst galt ganz offensichtlich: «Alles, was an Theosophie verkündet wird, wird vom Ätherleib des Christian Rosenkreutz gestärkt, und diejenigen, die Theosophie verkündigen, lassen sich überschatten von diesem Ätherleib, der auf sie wirken kann, sowohl wenn Christian Rosenkreutz inkarniert ist als auch dann, wenn er nicht inkarniert ist.» (130, 66f.)

29 Hella Wiesberger: «Vorbemerkung des Herausgebers», in: GA 284, S. 31.

30 Trotz der organisatorischen Schwierigkeiten und den Bitten vieler Menschen, den Kongress erst einige Monate später anzusetzen, legte Rudolf Steiner unbedingten Wert auf die Pfingstzeit – aus spirituellen *und* lebenspraktischen Gesichtspunkten («Es ist ja die Pfingstzeit aus dem Grunde gewählt worden, dass möglichst viele unserer Mitglieder abkommen können.» Ludwig Kleeberg schrieb in seinen Erinnerungen an den Münchner Kongress: «Es war schon früh vor der Generalversammlung im Oktober 1906 vorgeschlagen worden, da Pfingsten so früh fiele, den Kongress später zu verlegen. Steiner hatte aber gleich Pfingsten in Vorschlag gebracht. Denn, wie er sagte, gebe es Gott sei Dank unter uns noch Leute, die einen Beruf hätten.» 284, 107)

31 «Was den Kongress in Paris im Juni 1906 [...] erregte, war der «Fall Leadbeater». Charles Webster Leadbeater, vielleicht der prominenteste

Okkultist der Theosophical Society, war am 16. Mai 1906 vor einem Komitee der Englischen Sektion, das unter dem Vorsitz von Colonel Olcott tagte, erschienen, um über sein Verhalten gegenüber Knaben, die er zur Selbstbefriedigung angeleitet hatte, Rechenschaft abzulegen. Bevor er aus der Gesellschaft ausgeschlossen werden konnte, zog er es vor, von sich aus die Gesellschaft zu verlassen. In den Pausen des [Pariser] Kongresses waren also Leadbeater, sein Verhalten und seine Glaubwürdigkeit das Thema erregter Gespräche, und das Thema erhielt durch offizielle Rundschreiben eine entsprechende Publizität und Brisanz. – Annie Besant, die damals in Simla (Indien) weilte, schrieb in einem Brief an die Mitglieder der Esoterischen Schule [der Theosophical Society] unter anderem: ‹Ich möchte hiermit meine Ansicht zu Protokoll geben, dass es den schärfsten Tadel verdient, solche Anweisungen Männern und erst recht unschuldigen Knaben zu geben. Sie entstellen und pervertieren das Geschlechtsleben, das dem Menschen zum Erhalt des Menschengeschlechts gegeben ist.›» (Christoph Lindenberg: *Rudolf Steiner. Eine Biographie. Band 1. 1861–1914.* Stuttgart 1997, S. 403).

32 Ebd., S. 409.

33 Vgl. hierzu Hella Wiesberger: *Rudolf Steiners esoterische Lehrtätigkeit. Wahrhaftigkeit, Kontinuität, Neugestaltung.* Dornach 1997, S. 141f.

34 Vgl. hierzu Hella Wiesberger: «Aus der okkulten Geschichtsforschung: Die Lehre von den großen Geistesführern der Menschheit». In: Hella Wiesberger: *Rudolf Steiners esoterische Lehrtätigkeit. Wahrhaftigkeit, Kontinuität, Neugestaltung*, S. 73ff. und Sergej O. Prokofieff: *Die Geburt der christlichen Esoterik im 20. Jahrhundert und die ihr widerstrebenden Mächte.* Dornach 1997, S. 23ff.

35 Vgl. hierzu die zusammenfassenden Darstellungen von Hella Wiesberger (ebd., S. 133ff.), Sergej O. Prokofieff (ebd., S. 37ff.) und Thomas Meyer: «Der christologische Grundirrtum der Theosophen». (In: Elisabeth Vreede/Thomas Meyer: *Die Bodhisattvafrage.* Basel 1989, S. 97ff.) sowie die entsprechenden Briefe Rudolf Steiners in GA 264 *(Zur Geschichte und aus den Inhalten der ersten Abteilung der Esoterischen Schule* 1904 *bis* 1914*)*, S. 287ff.

36 In einem Brief an Anna Wagner vom 2.1.1905 hatte Rudolf Steiner über das «Meister»-Wirken im Hinblick auf die Theosophische Gesellschaft und die Esoterische Schule formuliert: «Eine äußere Organisation oder Gesellschaft begründen die Meister weder, noch stehen sie einer solchen vor. Die Theosophische Gesellschaft ist zwar von ihren Begründern

(H. P. Blavatsky, Olcott u.a.) ins Leben gerufen, um das Werk der Meister auf dem physischen Plan zu fördern, doch haben auf die Gesellschaft selbst als solche diese Meister selbst *nie* einen Einfluss genommen. Sie ist nach Wesen und Führung das Werk von Menschen rein auf dem physischen Plane. – Anders steht die Sache bezüglich der «Esoterischen Schule». Sie ist von den Meistern selbst begründet und steht unter der Leitung der Meister. Alles, was der theosophischen Bewegung an Wissen und Kraft zuströmt, strömt ihr durch diese Schule zu.» (264, 87). Auch in einem Rundbrief an die Mitglieder der deutschen Sektion schrieb Rudolf Steiner am 12.3.1907: «Gerade dann, wenn man den richtigen esoterischen Standpunkt einnimmt, dass unsere *Lehren* auf übersinnliche Quellen zurückgehen, dann sollte man sich sorgfältig hüten, eine reine Gesellschaftssache wie die Präsidentenwahl in irgendeinen Zusammenhang mit übersinnlichen Mächten zu bringen. Es würde allen esoterischen Grundsätzen widersprechen, das Übersinnliche in die Diskussion hereinzuziehen, in die man bei einer Präsidentenwahl doch immer kommen kann.» (264, 295).

37 Brief Michael Bauers an Ludwig Sauter, 18.1.1913. In: *Gesammelte Werke*, Band 5. Stuttgart 1997, S. 28 (Hg. Christoph Rau).

38 *«Aus dieser geistigen Strömung, die anknüpft an Christian Rosenkeutz, geht die mächtigste Hilfe hervor für ein Verständlich-machen des Christus-Impulses in unserer Zeit.»* (130, 157).

39 Dass die Vorbereitung der Wahrnehmung des Christuswesens im Ätherischen nicht nur ein absolutes Ziel der Rosenkreuzerströmung war, sondern mit Hilfe von Kräften Christian Rosenkreutz' individuell (und menschheitlich) ermöglicht werde, führte Rudolf Steiner am 28. September 1911 in Neuchâtel aus. Dort sprach er über die Wirksamkeit der ätherischen Kräfte dieses führenden Meisters des esoterischen Christentums innerhalb seiner Gemeinschaft, und sagte dann: «Die Hingabe an den mächtig gewordenen Ätherleib des Christian Rosenkreutz wird den Menschen das neue Hellsehen bringen können und wird hohe spirituelle Kräfte zutage fördern. Aber das wird nur für diejenigen Menschen möglich sein, die richtig die Schulung des Christian Rosenkreutz befolgen. Bis jetzt war esoterische rosenkreuzerische Vorbereitung dazu notwendig. Das zwanzigste Jahrhundert hat aber die Mission, diesen Ätherleib so mächtig werden zu lassen, dass er auch exoterisch wirken wird. Die davon ergriffen werden, dürfen das Ereignis erleben, das Paulus vor Damaskus erlebte. Es hat dieser Ätherleib bis jetzt nur eingewirkt in die

Rosenkreuzerschule; im zwanzigsten Jahrhundert wird es immer mehr und mehr Menschen geben, die diese Wirkung erfahren können und dadurch die Erscheinung des Christus im Ätherleib werden erleben dürfen. Die Arbeit der Rosenkreuzer ist es, die es möglich macht, die Äther-Erscheinung des Christus zu haben. Die Zahl derjenigen, die fähig sein werden, sie zu schauen, wird immer größer und größer werden.» (130, 67f.) – Sergej O. Prokofieff wies im Anschluss an Rudolf Steiner darauf hin, dass das Ereignis der Christus-Erscheinung und Wahrnehmung im Ätherischen neben seiner *rosenkreuzerischen* Vorbereitung auch einer *michaelischen* Mitwirkung benötige – und zitierte Steiners Dornacher Vortragsdarstellungen vom 9.11.1914: «Dieses Ereignis der Erscheinung des Christus, so wie es die Theodora [im ersten Mysteriendrama] angedeutet hat, kann nur herbeigeführt werden, wenn sich die Herrschaft des Michael immer mehr und mehr ausbreitet. Noch ist das ein Prozess in der geistigen Welt. Gleichsam kämpft auf dem Plane, der angrenzt an unsere Welt, Michael für das Herannahen des Christus. Er braucht seine Scharen, seine Kämpfer dazu. [...] So dass wir geradezu in der geistigen Welt auf eine Art von Eroberungszug des Michael für das Herannahen des Christus blicken können.» (158, 56)

40 Vgl. die zusammenfassenden Darstellungen der Jiddu Krishnamurti-Affäre bzw. der theosophischen Proklamation einer physischen Wiedergeburt Christi in: Elisabeth Vreede/Thomas Meyer: *Die Bodhisattvafrage.* Basel 1989, S. 112ff. und in: Sergej O. Prokofieff, in: *Die Geburt der christlichen Esoterik im 20. Jahrhundert und die ihr widerstrebenden Mächte,* S. 46ff.

41 Auch in seinen Nürnberger Apokalypsevorträgen des Jahres 1908 betonte Rudolf Steiner (neun Monate nach den Barrer Aufzeichnungen und mit sozialer Akzentuierung), dass der *«Ruf der Erdenmission»* gehört und verstanden werden müsse – und darin bestehe, *«den Christus in sich lebendig zu machen*, das Prinzip der Bruderliebe zu entfalten über die ganze Erde hin, und zwar entfalten im richtigen Sinn, nicht im Sinne der christlichen Konfessionen, sondern im Sinne des wahren esoterischen Christentums, das aus allen Kulturen hervorgehen kann». (104, 151f.; Hervorhebung v.V.)

42 Über das zwei Jahre später in Budapest – kurz vor der «Entdeckung» Krishnamurtis durch Charles Webster Leadbeater – stattfindende Gespräch zwischen Rudolf Steiner und Annie Besant schrieb Marie Steiner-von Sivers: «Annie Besant wurde zum Werkzeug einer gegenchristlichen

Strömung. Im Sommer 1909 in Budapest musste Rudolf Steiner ihr sagen, dass ihre Wege sich innerlich geschieden hätten. Dies Gespräch war der Ausgangspunkt der später erfolgten Trennung. Ein Kampf für und gegen den Christus hat hier stattgefunden.» (In: Marie Steiner: *Die Anthroposophie Rudolf Steiners. Gesammelte Schriften I.* Dornach 1967, S. 193) Vgl. a. die zusammenfassende Darstellung von Sergej O. Prokofieff: «Der theosophische Kongress in Budapest und seine Folgen». In: *Die Geburt der christlichen Esoterik im 20. Jahrhundert und die ihr widerstrebenden Mächte,* S. 46ff.

43 *«Christianity is not my line»* sagte Annie Besant einmal in direkter Weise zu Marie von Sivers (vgl. Brief Marie von Sivers' an Edouard Schuré, 18.9.1907. In: GA 262, S. 190).

44 Zit. n. Emil Bock: *Rudolf Steiner. Studien zu seinem Lebensgang und Lebensweg.* Stuttgart [1]1961, S. 196.

45 ebd.

46 Zit. n. Hella Wiesberger: *Rudolf Steiners esoterische Lehrtätigkeit. Wahrhaftigkeit, Kontinuität, Neugestaltung,* S. 155.

47 Vgl. Anm. 4.

48 Vgl. Anm. 1.

49 *«Ich trat nicht früher bei, als dass ich wusste, dass die geistigen Kräfte, denen ich dienen muss, in der T.[eosophischen] G.[esellschaft] sind.»* (Entwurf eines Rundschreibens an die deutschen Zweige der Theosophischen Gesellschaft, August 1902. In: GA 262, S. 87).

50 «Rudolf Steiner hat sich lange gewehrt, innerhalb der theosophischen Gesellschaft als Vortragender und Lehrer zu wirken, trotz eifriger Bitten deutscher Theosophen. Er setzte ihnen von Anfang an klar entgegen, dass der abendländische Weg zum Geiste ein anderer sein müsse, als der dem indischen Geistesleben entnommene. Er gab seinen Widerstand erst auf, als von den führenden Persönlichkeiten unter den Theosophen Englands seine damals erschienenen Bücher *Die Mystik im Aufgange des neuzeitlichen Geisteslebens, Das Christentum als mystische Tatsache* empfunden wurden als Bereicherung für ihre Strömung, und als volle Freiheit und Selbständigkeit des Wirkens im Dienste seiner Überzeugung und auf Grund seiner Erfahrungen ihm zugesichert wurde.» (In: Marie Steiner: *Die Anthroposophie Rudolf Steiners. Gesammelte Schriften I*, S. 89) «Seine Bedingung [für die Übernahme des deutschen Generalsekretariats der Theosophischen Gesellschaft] war gewesen, nun innerhalb der Gesellschaft das tun zu dürfen, was er als seine Aufgabe betrachtete: einfließen

zu lassen in die Kultur Europas dasjenige, was das Christus-Mysterium beleuchtet, was abendländische Esoterik seit dem Christus-Ereignis geworden ist.» (ebd., S. 117)

51 Vgl. Hella Wiesberger: *Marie Steiner-von Sivers. Ein Leben für die Anthroposophie. Eine biographische Dokumentation.* Dornach 1988 und Peter Selg: *Marie Steiner-von Sivers. Aufbau und Zukunft des Werkes von Rudolf Steiner.* Dornach 2006.

52 Vgl. Emanuel Zeylmans van Emmichoven: *Wer war Ita Wegman. Eine Dokumentation.* Band 1, S. 32ff.

53 Vgl. Anm. 1.

54 Vgl. 28, 179ff. und Anm. 55.

55 In seiner Autobiographie *Mein Lebensgang* schrieb Rudolf Steiner über den Berliner Vortrag vom 29.9.1900 und seinen geistigen Kontext: «Der Wille, das Esoterische, das in mir lebte, zur öffentlichen Darstellung zu bringen, drängte mich dazu, zum 28. August 1899, als zu Goethes hundertfünfzigstem Geburtstag, im ‹Magazin› einen Aufsatz über Goethes Märchen von der ‹grünen Schlange und der schönen Lilie› unter dem Titel ‹Goethes geheime Offenbarung› zu – schreiben. Dieser Aufsatz ist – ja allerdings noch wenig esoterisch. Aber mehr, als ich gab, konnte ich meinem Publikum nicht zumuten. – In meiner Seele lebte der Inhalt des Märchens als ein durchaus esoterischer. Und aus einer esoterischen Stimmung sind die Ausführungen geschrieben. – Seit den achtziger Jahren beschäftigten mich Imaginationen, die sich bei mir an dieses Märchen geknüpft haben. Goethes Weg von der Betrachtung der äußeren Natur zum Innern der menschlichen Seele, wie er ihn sich nicht in Begriffen, sondern in Bildern vor den Geist stellte, sah ich in dem Märchen dargestellt. Begriffe schienen Goethe viel zu arm, zu tot, um das Leben und Wirken der Seelenkräfte darstellen zu können. – Nun war ihm in Schillers ‹Briefen über ästhetische Erziehung› ein Versuch entgegengetreten, dieses Leben und Wirken in Begriffe zu fassen. Schiller versuchte zu zeigen, wie das Leben des Menschen durch seine Leiblichkeit der Naturnotwendigkeit und durch seine Vernunft der Geistnotwendigkeit unterliege. Und er meint, zwischen beiden müsse das Seelische ein inneres Gleichgewicht herstellen. In diesem Gleichgewicht lebe dann der Mensch in Freiheit ein wirklich menschenwürdiges Dasein. – Das ist geistvoll; aber für das wirkliche Seelenleben viel zu einfach. Dieses lässt seine Kräfte, die in den Tiefen wurzeln, im Bewusstsein aufleuchten; aber im Aufleuchten, nachdem sie andere ebenso flüchtige beeinflusst haben, wieder verschwinden.

Das sind Vorgänge, die im Entstehen schon vergehen; abstrakte Begriffe aber sind nur an mehr oder weniger lang Bleibendes zu knüpfen. – Das alles wusste Goethe empfindend; er setzte sein Bildwissen im Märchen dem Schiller'schen Begriffswissen gegenüber. – Man ist mit einem Erleben dieser Goethe'schen Schöpfung im Vorhof der Esoterik. – Es war dies die Zeit, in der ich durch Gräfin und Graf Brockdorff aufgefordert wurde, an einer ihrer allwöchentlichen Veranstaltungen einen Vortrag zu halten. Bei diesen Veranstaltungen kamen Besucher aus allen Kreisen zusammen. Die Vorträge, die gehalten wurden, gehörten allen Gebieten des Lebens und der Erkenntnis an. Ich wusste von alledem nichts, bis ich zu einem Vortrage eingeladen wurde, kannte auch die Brockdorffs nicht, sondern hörte von ihnen zum ersten Male. Als Thema schlug man mir eine Ausführung über Nietzsche vor. Diesen Vortrag hielt ich. Nun bemerkte ich, dass innerhalb der Zuhörerschaft Persönlichkeiten mit großem Interesse für die Geistwelt waren. Ich schlug daher, als man mich aufforderte, einen zweiten Vortrag zu halten, das Thema vor: ‹Goethes geheime Offenbarung›. Und in *diesem* Vortrag wurde ich in Anknüpfung an das Märchen ganz esoterisch. Es war ein wichtiges Erlebnis für mich, in Worten, die aus der Geistwelt heraus geprägt waren, sprechen zu können, nachdem ich bisher in meiner Berliner Zeit durch die Verhältnisse gezwungen war, das Geistige nur durch meine Darstellungen durchleuchten zu lassen.» (28, 391ff.).

56 Vgl. 265, 121 (Vortrag Dornach, 25.9.1920).

57 Rudolf Steiner zu Max Gümpel-Seiling, zit. n. Hella Wiesberger: *Marie Steiner-von Sivers. Ein Leben für die Anthroposophie,* S. 299.

58 «Oben in der geistigen Welt spielte sich ab in mächtigen kosmischen Imaginationen die Vorbereitung für jene intelligente, aber durchaus spirituelle Erschaffung, die dann als Anthroposophie erscheinen sollte. Was da durchsickerte: auf Goethe machte es einen bestimmten Eindruck. Ich möchte sagen, es kam in Miniaturbildern bei ihm durch. Die großen, gewaltigen Bilder, die sich da oben abspielten, kannte Goethe nicht; er verarbeitete diese Miniaturbildchen in seinem ‹Märchen von der grünen Schlange und der schönen Lilie›. Eine wunderbare Erscheinung! [...] Es war sozusagen ein erstes Herauskommen desjenigen, was zunächst in mächtigen Imaginationen im Beginne des 19., sogar schon am Ende des 18. Jahrhunderts sich in der geistigen Welt abspielte. Sie werden es daher nicht wunderbar finden, dass im Hinblick auf diesen übersinnlichen Kultus, der in der ersten Hälfte des 19. Jahrhunderts stattfand, mein erstes

Mysteriendrama, ‹Die Pforte der Einweihung›, das ja in einer gewissen Weise in dramatischer Form wiedergeben wollte, was sich da im Beginne des 19. Jahrhunderts abspielte, äußerlich in der Struktur etwas ähnlich wurde dem, was Goethe in seinem Märchen ‹Von der grünen Schlange und der schönen Lilie› dargestellt hat. Denn die Anthroposophie sollte von der Art, wie sie imaginativ in den ersten Zeiten in überirdischen Regionen gelebt hat, heruntersteigen in die irdische Region.» (Rudolf Steiner: *Esoterische Betrachtungen karmischer Zusammenhänge. Sechster Band.* GA 240. Dornach [5]1992, S. 178)

59 Vgl. Anm. 1.

60 Im Hinblick auf die Datierung des von Ita Wegman gehörten *Märchen*-Vortrages, in dessen Nachklang Rudolf Steiner sie zur Esoterischen Stunde einlud, schrieb Emanuel Zeylmans van Emmichoven: «Christoph Lindenberg [*Rudolf Steiner. Eine Chronik.* 1861–1925. Stuttgart 1988, S. 216] nimmt an, dass Ita Wegman den Vortrag vom 4. April 1904 gehört hat – und nicht, wie ich anfänglich vermutet hatte, die Vorträge vom 16. und 23. Februar 1905.» (*Wer war Ita Wegman. Eine Dokumentation.* Band 1, S. 254). – Da Rudolf Steiner erst im Mai 1904 die Autorisation von Annie Besant für das Halten esoterischer Stunden erhielt und seine ersten Esoterischen Stunden in Berlin am 9. und 14. Juli gab – von daher Ita Wegman im April 1904 keineswegs zu einer Esoterischen Stunde hätte einladen können – ist Lindenbergs Annahme (die in seiner *Chronik* als Faktum vermerkt wurde) mit Sicherheit unzutreffend. Emanuel Zeylmans' «anfängliche Vermutung» kommt der geschichtlichen Wahrheit sehr wahrscheinlich bedeutend näher.

61 Ita Wegman Archiv, Arlesheim.

62 Zu den Augen und zum Blick Rudolf Steiners vgl. die verschiedenen Zeugnisse in Peter Selg: *Rudolf Steiner. Zur Gestalt eines geistigen Lehrers. Eine Einführung.* Dornach 2007, S. 53f.

63 Vgl. GA 270/III, S. 28ff. – Rudolf Steiner skizzierte das Michael Zeichen erstmals in seiner Dornacher Klassenstunde vom 6.9.1924 an der Tafel und führte es anschließend aus (zur Londoner Klassenstunde vom 27.8.1924 vgl. 270/III, S. 218); da Ita Wegman in enger Beziehung zu den Klassenstunden vom September 1924 stand, muss davon ausgegangen werden, dass der Begriff des «Michael Zeichen» für sie eindeutig bestimmt war.

64 Margarete Kirchner-Bockholt, die als Ärztin der Arlesheimer Klinik zwei Jahrzehnte eng mit Ita Wegman zusammenarbeitete, dem «Esoterischen Kern» der medizinischen Sektion angehörte und eine der drei Nachlass-

verwalterinnen von Wegmans persönlichen Papieren war, schrieb am Ende ihres Lebens, dass Ita Wegman «oft» auf das Münchner Gespräch hingewiesen habe, und fügte hinzu: «Rudolf Steiner hat ihr [...] wohl vieles mitgeteilt über gemeinsame Aufgaben in anthroposophischem Zusammenhang, besonders im Medizinischen. [...] Es sind darüber aber keine Details bekannt.» (Margarete Bockholt: «Schicksalswege», in: Margarete und Erich Kirchner-Bockholt: *Die Menschheitsaufgabe Rudolf Steiners und Ita Wegman.* Dornach 1976, S. 12).

65 Es ist wesentlich, zu bemerken, dass Ita Wegman keinesfalls davon sprach, dass Rudolf Steiner ihr bereits 1907 von ihrem gemeinsamen (Vergangenheits-)Schicksal berichtet habe, sondern die Begegnung bzw. das Gespräch selbst als *«Erneuerung»* eines «uralten Karmas» bezeichnete. Zum möglichen Inhalt der Ita Wegman von Rudolf Steiner mitgeteilten «wichtigen Dinge» vgl. Anm. 64.

66 «[Ich] musste alles erst in mir versinken lassen und das Studium in aller Ruhe zu Ende führen.» (vgl. Anm. 1) In der ersten Fassung dieses Notizbuch-Satzes hatte Ita Wegman statt *«in mir versinken lassen»* noch *«vergessen»* geschrieben, dieses Wort dann jedoch durchgestrichen und ersetzt.

67 In seiner Dokumentation über die Entstehungsgeschichte der Ersten Klasse schrieb Johannes Kiersch zusammenfassend über Ita Wegmans München-bezogene Aufzeichnungen: «Auch wenn dieser [Notizbuch-] Bericht, von der Münchener Situation zeitlich weit entfernt, durch spätere Ereignisse während der letzten Lebensjahre des Meisters gefärbt sein mag: Es wird fühlbar, dass die geschilderte Begegnung für beide viel bedeutet hat. Doch noch immer ist die Zeit nicht reif.» (Johannes Kiersch: *Zur Entwicklung der Freien Hochschule für Geisteswissenschaft. Die Erste Klasse,* S. 55).

68 Vgl. GA 266/1, S. 251. – Zur Entfaltung der Michaels-Lehre im Werk Rudolf Steiners vgl. u.a. die zusammenfassende Sichtung von Manfred Schmidt-Brabant: *Michael-Gedanken und Drachen-Kräfte. Anregungen zu einem künftigen Michael-Fest.* Dornach [1] 1992.

69 Über Rudolf Steiners esoterische Lehrstunden ab dem 1. Juni 1907 und über seine anthroposophische Vortragstätigkeit nach dem Münchner Kongress schrieb Sergej O. Prokofieff: «Sogleich nach der endgültigen Trennung der westlichen Esoterischen Schule von der östlichen begann Rudolf Steiner, wie von einer inneren Last befreit, mit einer an Tiefe und Umfang beispiellosen Enthüllung christlich-esoterischer Weisheit. Dabei

werden in den esoterischen Stunden (deren bis zum Beginn des Ersten Weltkriegs mehrere hundert gehalten wurden) die östlichen Mahatmas nicht mehr erwähnt. Ihren Platz nehmen in den Esoterischen Stunden von nun an die Inspirationen und die übersinnliche Anwesenheit der westlichen Meister, der großen Lehrer des Rosenkreuzertums, ein, und Rudolf Steiner betrachtet in jeder Stunde immer wieder neue Aspekte der christlichen Esoterik. Dabei stehen die drei Rosenkreuzerworte, die das eigentliche Wesen des Christus-Mysteriums ausdrücken, in den meisten Stunden an zentraler Stelle. Dasselbe gilt auch für seine Vorträge im Rahmen der von ihm geführten deutschen Sektion.» (*Die Geburt der christlichen Esoterik im 20. Jahrhundert und die ihr widerstrebenden Mächte*, S. 42f.)

70 Ita Wegman Archiv, Arlesheim. Vgl. a. Emanuel Zeylmans van Emmichoven: *Wer war Ita Wegman. Eine Dokumentation.* Band 1, S. 319 (Faksimile und Transkription des Notizbuches).

71 Zit. n. Thomas Meyer: *Ludwig Polzer-Hoditz. Ein Europäer.* Basel 1994, S. 565.

72 Vgl. Anm. 1.

73 Vgl. hierzu im Einzelnen: Emanuel Zeylmans van Emmichoven: *Wer war Ita Wegman. Eine Dokumentation.* Band 1, S. 95ff.

74 Vgl. Anm. 66.

75 Zur Situation Rudolf Steiners im Jahr 1922 vgl. Peter Selg: *Rudolf Steiner, Edith Maryon und die Dornacher Christus-Plastik.* Dornach 2006, S. 153ff. und Peter Selg: *Marie Steiner-von Sivers. Aufbau und Zukunft des Werkes von Rudolf Steiner*, S. 171ff.

76 Ita Wegman: Notizblatt (ca. 1927). Ita Wegman Archiv, Arlesheim. Vgl. a. Emanuel Zeylmans van Emmichoven: *Wer war Ita Wegman. Eine Dokumentation.* Band 1, S. 121f.

77 Hilma Walter Archiv, Arlesheim (Ita Wegman Institut).

78 Notizbuch. Ita Wegman Archiv, Arlesheim. Vgl. a. Emanuel Zeylmans van Emmichoven: *Wer war Ita Wegman. Eine Dokumentation.* Band 1, S. 126.

79 In seinem Dornacher Vortrag vom 29.12.1923 erinnerte Rudolf Steiner an das Brandgeschehen ein Jahr zuvor und sagte dabei unter anderem: «Sehen Sie, wir stehen ja unmittelbar vor dem Tage und werden uns in dieser Tagung eben bis zu dem Jähren dieses traurigen Ereignisses hindurchfinden müssen, wir stehen vor jenem Tage, da die furchtbaren Feuergarben aufloderten, die das Goetheanum verzehrten. Und mag nun die Welt

denken, wie sie will, über dieses Feuerverzehren des Goetheanum, in der Entwickelung der anthroposophischen Bewegung bedeutet dieser Brand etwas Ungeheures. Aber man beurteilt ihn doch nicht in seiner vollen Tiefe, wenn man nicht hinschaut auf der einen Seite, wie diese physischen Feuerflammen dazumal aufschlugen, als in merkwürdiger Art – ich werde davon noch sprechen in den nächsten Tagen – von den Orgelpfeifen, von anderem Metallischem das sengende Metallische in die Flammen hineinloderte, so dass diese merkwürdigen Färbungen der Flammen entstanden. Dann musste man die Erinnerung mit hinübernehmen in das verflossene Jahr. Aber in dieser Erinnerung muss leben die Tatsache, dass Physisches Maja ist, dass wir die Wahrheit aus den Feuerflammen in dem geistigen Feuer zu suchen haben, das wir nunmehr anzufachen haben in unseren Herzen, in unseren Seelen. Aufgehen sollte uns in dem physisch brennenden Goetheanum das geistig wirksame Goetheanum. – Ich glaube nicht, dass das in vollem weltgeschichtlichem Sinne geschehen kann, wenn man nicht sieht auf der einen Seite das uns teuer gewordene Goetheanum in der furchtbaren gigantischen Flamme auflodern und im Hintergrunde den anderen frevelhaften Brand von Ephesus, wo Herostrat die Brandfackel hineinwarf, geleitet von dämonischen Mächten. In dem Zusammenempfinden desjenigen, was da im Vordergrunde, und desjenigen, was im Hintergrunde steht, wird man vielleicht doch ein Bild gewinnen können, das tief genug in unser Herz hineinschreiben kann, was wir vor einem Jahre verloren haben und was wir mit allen Kräften wieder erbauen müssen.» (233, 114) Vier Wochen zuvor, am Sonntag, den 2. Dezember 1923, hatte Rudolf Steiner noch deutlicher (expressiv verbis) von seinen Erlebnissen in der Brandnacht und den Zusammenhängen zwischen dem Goetheanum und der Mysterienstätte von Ephesus gesprochen – und ausgehend von einer Betrachtung der Schöpfungslehre der ephesischen Mysterien (und des Johannes-Prologs) gesagt: «Es ist wahrhaftig so, dass in dem, was da gerade den ephesischen Mysterienschülern gelehrt wurde von dem Urworte, dasjenige liegt, was dann zum Anfang des Johannes-Evangeliums geführt hat. Und man möchte schon sagen, dass das Hinschauen auf diese Geheimnisse, die im Schoße der Zeiten ruhen, unter Anthroposophen heute recht, recht zeitgemäß ist. Denn sehen Sie, in einem gewissen Sinne, in einem sehr, sehr eigentlichen Sinne war eben doch das, was hier auf dem Dornacher Hügel als das Goetheanum stand, der Mittelpunkt des anthroposophischen Wirkens geworden. Das, was heute als Schmerz in uns lebt, muss als Schmerz weiterleben und wird es bei jedem, der eben fühlen konnte, was das Goetheanum sein sollte. Aber alles das, was in der physischen Welt sich abspielt, es muss ja für denjenigen, der aufstrebt in seiner Erkenntnis zum Geistigen, zugleich eine äußere Offenbarung, ein Bild werden von tieferem Geistigen. Und wenn wir das Schmerzliche auf der einen Seite hinnehmen müssen, so müssen wir ja gerade aber als Menschen, die nach geistiger Erkenntnis streben, auch wiederum das, was im Schmerz geschehen ist, zum Anlass nehmen können, in eine Offenbarung hineinzuschauen, die tiefer und immer tiefer geht. Ist doch dieses Goetheanum eine Stätte gewesen, in der gesprochen hat werden wollen, immer wieder und wiederum auch gesprochen worden ist, über diejenigen Dinge, die zusammenhängen mit dem Beginne des Johannes-Evangeliums: «Im Urbeginne war das Wort. Und das Wort war bei Gott. Und ein Gott war das Wort». – Und dann ist dieses Goetheanum im Feuer aufgegangen. Und dieses furchtbare Bild des Goetheanum-Brandes kann vor uns stehen. Und aus dem Schmerze heraus kann sich gebären die Aufforderung, nun immer tiefer und tiefer zu sehen, hineinzuschauen in das, was für unsere Gedankenkraft noch immer dasteht: dieses in der Neujahrsnacht abbrennende Goetheanum. Aber das ist ein, wenn auch so schmerzliches, so doch in die Tiefe und immer größere Tiefe führendes Ereignis. Dasjenige, was darinnen hat ergründet werden sollen und was so, wie einiges von dem, was ich gestern und vorgestern gesagt habe, zusammenhängt mit dem Johannes-Evangelium, das bildete schon einen Einschluss in die versengenden und verzehrenden Flammen. Und es ist ein Wichtiges, ein wichtiger Impuls, meine lieben Freunde, den wir fassen können: Lassen wir doch diese Flammen zum Anlass sein, durch sie hindurchzuschauen auf andere Flammen, auf jene Flammen, die einstmals den Tempel zu Ephesus verzehrt haben. Und lassen wir das die Aufforderung sein, einen Sinn zu haben für die Ergründung desjenigen, was im Johannes-Evangelium-Anfang liegt. Schauen wir, gerade aufgefordert durch diese schmerzlich heiligen Impulse, von dem Johannes-Evangelium zurück zu dem Tempel zu Ephesus, der auch einstmals gebrannt hat, und wir werden dann in den ja so schmerzlich sprechenden Goetheanum-Flammen eine Mahnung haben an das, was mit den versengenden Flammen des Ephesustempels in die Akasha hineingeströmt ist. – Haben wir denn nicht heute noch, meine lieben Freunde, wenn wir das Auge gerichtet haben in jener Unglücksnacht auf die versengenden Flammen dieses Goetheanum-Brandes, darinnen die schmelzenden Metalle von den Musikinstrumenten? Haben wir nicht darinnen diese so laut und so heilig sprechenden schmelzenden Metalle gerade der Musikinstrumente, die in die Flammen die merkwürdigsten Farben hineinzauberten? Vielsprechende Farben, Farben, die dem Metallischen nahe stehen! Und durch das Verbinden mit dem Metallischen ersteht schon etwas wie Erinnerung im Irdischen. Dieses Erinnernde, wir haben es hier an das, was mit dem Tempel zu Ephesus verbrannte. Und zusammenschließen kann sich, wie diese beiden Brände, so die Sehnsucht, zu ergründen so etwas, wie: «Im Urbeginne war das Wort, und das Wort war bei Gott, und ein Gott war das Wort» – mit demjenigen, was immer wieder und wiederum dem Schüler zu Ephesus klar gemacht wurde: Studiere das Menschengeheimnis in dem kleinen Worte, in dem Mikrologos, damit du reif wirst, in dir zu empfinden das Geheimnis des Makrologos. – Der Mensch ist der Mikrokosmos gegenüber der Welt, die der Makrokosmos ist, aber er trägt auch die Weltengeheimnisse in sich. Und jenes Weltengeheimnis, das in den ersten drei Versen des Johannes-Evangeliums liegt, wir ergründen es, wenn wir im rechten Sinne dasjenige, wozu sich auch, wie zu so vielem anderen, die Goetheanum-Flammen wie zu Schriftzeichen verdichten, wenn wir das ins Auge fassen: *Schaue den Logos / Im sengenden Feuer; / Finde die Lösung / In Dianens Haus.* – Die Feuer-Akasha vom Silvesterabend spricht schon sehr deutlich diese Worte neben vielem anderen. Und sie fordert uns auf, zu ergründen im Mikrokosmos den Mikrologos, damit der Mensch Verständnis gewinne für dasjenige, woraus er seinem Wesen nach selber ist: für den Makrokosmos durch den Makrologos.» (232, 100ff.)

80 Sergej O. Prokofieffs Aussage: «In dieser Nacht lebten in ihr erstmals ihre Erinnerungen an ihre eigene karmische Verbindung mit dem im Jahr 356 v. Chr. verbrannten Diana-Tempel in Ephesus und ihr gemeinsames Karma mit Rudolf Steiner auf» (*Menschen mögen es hören. Das Mysterium der Weihnachtstagung*, S. 389), ist dokumentarisch nicht gedeckt. M.W. sprach Ita Wegman nie über entsprechende eigene Impressionen in dieser Nacht – und Madeleine van Deventer schrieb in ihren Erinnerungen an die Brandnacht und in Anspielung an Rudolf Steiners in Anm. 79 zitierten Dornacher Vortrag vom 2.12.1923 lediglich: «Unter den Bildern dieser Nacht steht eines besonders deutlich vor der Seele, nämlich wie Rudolf Steiner lange Zeit unbeweglich dastand und in die farbige Flammenglut schaute. Ein Jahr später erzählte er uns, dass damals das Bild des Brandes von Ephesus aufstieg. – ‹Schaue den Logos / Im sengenden Feuer / Finde die Lösung / In Dianens Haus›. – Ita Wegman

stand damals an seiner Seite. *Auch in ihr mögen Bilder aufgestiegen sein, die Rudolf Steiner ihr später deuten konnte.»* (Madeleine van Deventer: Unveröffentlichtes Vortragsmanuskript. Madeleine van Deventer Archiv, Arlesheim. Vgl. a. Emanuel Zeylmans van Emmichoven: *Wer war Ita Wegman. Eine Dokumentation.* Band 1, S. 124.) In diesem – lediglich vermutenden – Sinne schrieb auch Margarete Kirchner-Bockholt: *«Im Jahre 1922, beim Brand des ersten Goetheanums, stiegen wohl in ihr Erinnerungen an Ephesus auf [...].»* (Margarete Bockholt: «Schicksalswege», in: Margarete und Erich Kirchner-Bockholt: *Die Menschheitsaufgabe Rudolf Steiners und Ita Wegman.* Dornach 1976, S. 12). Sowohl von van Deventer als von Kirchner-Bockholt wären diese Sätze mit Sicherheit anders formuliert worden, wenn ihnen Ita Wegman je von entsprechenden (eigenen) Erfahrungen in der Brandnacht berichtet hätte (während Madeleine van Deventer in sämtlichen vorangehenden Aufsatzpublikationen, Vortragsmanuskripten und Nachlasstexten sich in der genannten Konjunktivform geäußert hatte, schrieb sie in ihrem letzten, kurz vor ihrem Tode verfassten Bericht über die Entstehungsgeschichte der anthroposophisch-medizinischen Bewegung allerdings abkürzend: «Ein wichtiger Markstein war der Brand des ersten Goetheanum in der Sylvesternacht des Jahres 1922. Tiefgreifende Seelenerlebnisse wurden durchgemacht. In bezug auf diesen Brand prägte Rudolf Steiner im Laufe des nächsten Jahres folgende Worte: ‹Schaue den Logos / Im sengenden Feuer / Finde die Lösung / In Dianens Haus.› – Erinnerungen stiegen auf in Ita Wegmans Seele.» (Madeleine P. van Deventer: *Die anthroposophisch-medizinische Bewegung in den verschiedenen Etappen ihrer Entwicklung.* Arlesheim [2] 1992, S. 17).

81 Madeleine van Deventer: Unveröffentlichtes Vortragsmanuskript. Madeleine van Deventer Archiv, Arlesheim (Ita Wegman Institut). Vgl. a. Emanuel Zeylmans van Emmichoven: *Wer war Ita Wegman. Eine Dokumentation.* Band 1, S. 124.

82 Vgl. Anm. 1.

83 Brief Madeleine van Deventers an Emanuel Zeylmans van Emmichoven, 17.11.1981. Madeleine van Deventer Archiv, Arlesheim. Vgl. a. Emanuel Zeylmans van Emmichoven: *Wer war Ita Wegman. Eine Dokumentation.* Band 1, S. 123.

84 Ebd. – Ita Wegman selbst datierte ihr Zugehen auf Rudolf Steiner in einer Notizbucheintragung dagegen auf 8 Uhr morgens (Ita Wegman Archiv, Arlesheim). Die Zeitangabe und die Schilderung des Morgen-

verlaufes durch Madeleine van Deventer wirkt jedoch insgesamt authentischer.

85 Vgl. Peter Selg: *Edith Maryon, Rudolf Steiner und die Dornacher Christus-Plastik*, S. 175f. – In ihrem Nachruf auf Sofie Bauer, die Freundin und Pflegerin Edith Maryons, schrieb Maria Kleiner in einer Erinnerung an die Brandnacht: «Dr. Steiner hatte sich nach einem kurzen Gang in die Villa Hansi [zur Information Marie Steiner-von Sivers'] in eine kleine Hütte auf dem Weg zur Schreinerei zurückgezogen. Sofie Bauer wollte einheizen und brachte warmen Tee. Miss Maryon winkte ab, um Dr. Steiner, der am Fenster sass und in die Flammen schaute, in diesem großen Erleben nicht zu stören. Da wandte sich dieser um und sagte zu Miss Maryon: ‹Lassen Sie sie doch, wenn sie so lieb sein will.› (zit. n. Rex Raab: *Edith Maryon. Bildhauerin und Mitarbeiterin Rudolf Steiners.* Dornach 1993, S. 350).

86 «Die Brandnacht, die uns das Goetheanum genommen hat, legte in ihren durch vorangegangene Krankheiten geschwächten Körper den Keim, der zu dem mehr als ein Jahr währenden Leiden sich entwickelte.» (Rudolf Steiner; 260a, 230). «Miss Maryon wurde krank im Januar 1923, während Dr. Steiner verreist war. Ich habe sie im Atelier besucht, sie hatte eine Lungenblutung. Das war 4 Wochen nach dem Brand.» (Ita Wegman, Notizbuch. Ita Wegman Archiv, Arlesheim)

87 «Das jugendlich heitere Lachen, das die ernsten Gesichtszüge Dr. Steiners früher oft erhellte, seine raschen, leichten Bewegungen, seinen rhythmischen Gang – niemand konnte so gehen wie er –, das alles erlebten wir seit der Brandnacht nicht mehr. Eine schwere Last lag auf seinen Schultern. Er musste Kraft aufbringen, seine aufrechte Haltung zu bewahren, und der Gang war mit Anstrengungen verbunden. [...] Jede Bewegung, jeder Schritt, war wie von außen durch den Willen dirigiert.» (Assja Turgenieff). «Wem beschieden war, am frühen Morgen Rudolf Steiner allein zu treffen, sah, wie er verändert war. Er schien ganz anders verbunden zu sein mit den Regionen der Welt, die sein Lebensgebiet waren. Von einer Schwere belastet, die man an ihm sonst nie sah. Er, der so durchleuchtet war in jeder seiner Bewegungen – jede seiner Bewegungen war so durchsichtig, dass die Bewegungen seiner Glieder nur wie Schriftzeichen waren, wenn er sich im Raume bewegte, – aber jetzt die Schwere tragend, war er mächtig und gewaltig in seiner neuen Kraft und Haltung.» (Marie Savitch). Zit.n. Peter Selg: *Marie Steiner-von Sivers. Aufbau und Zukunft des Werkes von Rudolf Steiner*, S. 195.

88 Ita Wegman zufolge war Rudolf Steiners Lebensorganismus – bzw. sein «ätherischer Leib» – mit der Entstehung des Dornacher Baues real verbunden. Möglicherweise auf der Basis entsprechender Gesprächsaussagen Steiners schrieb Wegman in einem *Goetheanum*-Aufsatz nach Rudolf Steiners Tod: «Ein Mysterium liegt darinnen Erbauer des Kunstwerkes und Rudolf Steiner zu sein! Wie wird man Erbauer eines Kunstwerkes? Es baut der Gott in ihm geometrisch aus ätherischen Substanzen ein Bauwerk um sich herum, und er selbst steht mitten in diesem Bauwerk darinnen. Dann braucht er nur dieses aus ätherischer Substanz gebaute Kunstwerk äußerlich herzustellen, und das Kunstwerk ist auf dem physischen Plan vollendet. Das ‹Wort› bildet die geometrischen Formen ätherisch und aus diesen geometrisch-ätherischen Formen ergeben sich die physischen Formen und werden künstlerisch in physischem Material hergestellt. So entstand das Goetheanum aus Rudolf Steiner. Sein Wort, das Anthroposophie verkündete, baute ätherisch das Goetheanum; es war das verdichtete Wort Rudolf Steiners, und sein eigener Ätherkörper war mit dem Kunstwerk verwachsen, war unzertrennbar mit ihm verbunden. – Was geschah dann mit dem Brande? Wieder ein Mysterium vollzog sich unter uns. Mit der Zerstörung des Goetheanums auf dem physischen Plan wurden die geistigen Glieder Rudolf Steiners aus seinem physischen Leib gelockert, und so entstand die Möglichkeit, dass auch er, der Meister, uns auf dem physischen Plan verlassen würde. Doch dies sollte nicht geschehen, Rudolf Steiner musste bleiben. ‹*Seiner Geistaufgabe Gelingen, von dem ein Bild sich darstellt in seinem irdischen Vollbringen*›, war noch nicht an dem Punkte angelangt, wo seine Schüler schon bereit gewesen wären, um das irdische Vollbringen weiter fortzusetzen. So blieb der Meister, aber nicht als gewöhnlicher Mensch, der den physischen Leib mit den höheren geistigen Gliedern innig verbunden hat, sondern als Mensch, der seine geistigen Glieder ganz in der geistigen Welt hatte und von dort aus seinen physischen Leib nur dirigierte. Er wurde dadurch freier und mächtiger, sein physischer Leib aber gebrechlicher und schwächer.» («Das alte und das neue Goetheanum». In: *An die Freunde*, S. 17f.; zu dem vom Verf. kursiv gesetzten Satz, der einem Spruch Rudolf Steiners für Ita Wegman entstammt, s. den weiteren Text, S. 87)

89 Ita Wegman: Notizbucheintragung (1931). Ita Wegman Archiv, Arlesheim.

90 Ebd. – Von seinem Krankenbett aus sollte Rudolf Steiner ein dreiviertel Jahr nach dem Brand auch an Marie Steiner-von Sivers – im Rückblick

auf ein früheres Gespräch über seine konstitutionelle Verfassung seit dem Brand – schreiben: «M. l. M., ich sagte Dir ja schon vor längerer Zeit, wie seit Januar 1923 die Verbindung der höheren Glieder meiner Wesenheit mit meinem physischen Körper nicht mehr voll war; ich verlor gewissermaßen im Leben im Geistigen den unmittelbaren Zusammenhang mit meiner physischen Organisation. Nicht mit der physischen Welt. Im Gegenteil: die gesunde Beurteilungsmöglichkeit dieser wurde immer stärker und auch umfassender. Aber gerade weil im Geistigen auch für die physische Welt so alles ohne die geringste Beirrung abging, versuchen es die Gegenmächte mit dem physischen Leib.» (262, 425f.)

91 «Damals schon, noch lange bevor er erkrankte, äußerte er sich, dass er eigentlich schon mit dem Brande gestorben war. Sein Leib war dem Tode geweiht, *aber noch einmal konnte eine Geburt stattfinden.»* (Notizbuch; Weihnachten 1925; Hervorhebung v.V.) Wie intensiv Ita Wegman sich 1924 um Rudolf Steiners gesundheitliche Situation kümmerte, zeigt ein Brief, den sie vor der letzten England-Reise Steiners an Eleanor Merry schrieb: «Liebe Mrs Merry – Kurz vor unserer Ankunft will ich Ihnen doch noch einiges mitteilen, damit Sie es vielleicht noch arrangieren können. Es ist wegen Dr. Steiners Diät, worüber ich Sie schon einmal kurz in Paris gesprochen habe. Es ist der Doktor momentan in einem solchen Zustand, dass er unbedingt *die allersorgfältigste Diät* haben muss, damit er arbeitsfähig bleibt. Auf Reisen ist dies natürlich ein ungeheures Problem und der Aufenthalt in Holland, von wo wir jetzt vor einigen Tagen zurückgekommen sind, hat mir viel Sorgen und Mühen gekostet, all das zustande zu bringen, was für die Ernährung des Doktors notwendig war. Ich konnte es in der holländischen Küche fast nicht durchsetzen das Richtige zu bekommen. Nun bin ich für England in der allergrößten Sorge wie die Sache dort drei Wochen lang so durchzuführen ist, dass der Doktor alles hat, was nötig ist. Und nun habe ich mir gedacht, das Folgende zu tun. Ich werde mit einer Krankenschwester, die auch hier das Essen für den Doktor in der Klinik unter sich hat, und dafür sorgt, dass alles in der richtigen Ordnung und Zusammenstellung geschieht mit nach Torquay zu bringen, und ich werde dann alles das mitbringen an Esswaren, was wir bis jetzt immer verwendet haben. Das aber worum ich Sie nun bitten möchte ist, dass für diese Schwester irgend wo eine Gelegenheit gegeben wird, wo sie die Sachen kochen kann. Vielleicht ginge es, dass man mit elektrischen Stechkontakt oder einem Badezimmer oder vielleicht auch in der Hotel-Küche sich etwas einrichten könnte, wo die

Sachen zubereitet werden können. Dies ist nach meinem Dafürhalten das Einzige, wodurch wir dem Doktor das geben können, was er bis jetzt gewöhnt ist. Jegliche Veränderung in der Nahrung macht ihn geradezu krank, und würde also dadurch, der Aufenthalt in Torquay nachteilig sein, und Sie werden wohl begreifen, meine liebe Misses Merry, dass wir alles tun wollen, um Doktors Gesundheit zu erhalten, weil er momentan noch so ungeheuer viel Großes zu geben und zu leisten hat. Ich glaube wohl, dass man wohl alles sehr gut arrangieren kann, wenn Sie vorher diese Abmachungen mit dem Hotel treffen können. Dass dann alles gut geht was das Kochen und Essen betrifft dafür werde ich dann Sorge tragen. – In der Hoffnung Sie bald in guter Gesundheit zu treffen, verbleibe ich – mit freundlichen Grüßen – Ihre Ita Wegman.» (24.8.1924; Ita Wegman Archiv, Arlesheim). Vgl. a. Emanuel Zeylmans van Emmichoven: *Wer war Ita Wegman. Eine Dokumentation.* Band 1, S. 218f.

92 Notizbuch (1925). Ita Wegman Archiv, Arlesheim. Vgl. a. Emanuel Zeylmans van Emmichoven: *Wer war Ita Wegman. Eine Dokumentation.* Band 1, S. 319 (Faksimile und Transkription des Notizbuches).

93 Vgl. hierzu Emanuel Zeylmans van Emmichoven: *Wer war Ita Wegman. Eine Dokumentation.* Band 1, S. 130f. und GA 265, S. 455ff.

94 Vgl. hierzu Emanuel Zeylmans van Emmichoven: *Wer war Ita Wegman. Eine Dokumentation.* Band 1, S. 159f.

95 Vgl. hierzu die Schilderungen von Thomas Meyer, in: *D.N.Dunlop. Ein Zeit- und Lebensbild.* Basel [2] 1996, S. 158ff.

96 Vgl. Anm. 92.

97 Ergänzung von Emanuel Zeylmans ab der 2. Auflage des Werkes (vgl. Heidelberg [2] 1992, S. 146).

98 Emanuel Zeylmans van Emmichoven: *Wer war Ita Wegman. Eine Dokumentation.* Band 1, S. 146.

99 Notizbuch Ita Wegmans (1934). Ita Wegman Archiv, Arlesheim. Vgl. a. die Transkription der entsprechenden Eintragungen Wegmans in: Emanuel Zeylmans van Emmichoven: *Wer war Ita Wegman. Eine Dokumentation.* Band 2, S. 216. – Die erste, die sich über Ita Wegmans Datierung («*nach* Penmaenmawr/Sommerschule») in einer Veröffentlichung relativ unbekümmert hinwegsetzte, war Madeleine van Deventer, die 1976 in einem Aufsatz (und in der für sie kennzeichnenden, direkten Art und Weise) kurz und bündig schrieb: «Ita Wegman hatte die Fähigkeit, wesentliche Fragen an Rudolf Steiner zu richten. So stellte sie einmal – es war während der Sommerschule in Penmaenmawr im August 1923 – fol-

gende Frage: ‹Können wir nicht eine Mysterien-Medizin begründen?› Rudolf Steiner antwortete: ‹dass Sie diese Frage stellen, ist sehr wesentlich›. Er versprach sofort nach seiner Rückkehr nach Dornach damit einen Anfang zu machen, und im Herbst 1923 begann er mit ihr zusammen, das medizinische Buch zu schreiben.» (Madeleine van Deventer: «Wie kam das medizinische Buch zustande?» In: Andreas Grunelius (Hg.): *Ita Wegmans Erdenwirken aus heutiger Sicht.* Arlesheim [1]1976, S. 8). – Auch in Vorträgen, die Madeleine van Deventer 1976 zum 100. Todestag Ita Wegmans hielt, formulierte sie: «Ein wichtiger weiterer Schritt [für die Zusammenarbeit Ita Wegmans mit Rudolf Steiner bzw. für die Entfaltung der anthroposophischen Medizin] geschah 1923, als Ita Wegman in Penmaenmawr folgende Frage an Rudolf Steiner richtete: ob nicht die alten Heilmysterien erneuert werden könnten und ob die Ärzte dies bekommen könnten?» Den Fortgang des Penmaenmawr-Gespräches schilderte Madeleine van Deventer an dieser Stelle mit den Worten: «Rudolf Steiner bejahte dies und fügte hinzu: ‹*Wir werden bald nach unserer Rückkehr nach Dornach einen Anfang damit machen.*›» (Autoreferat. Madeleine van Deventer Archiv, Arlesheim).

100 Ebd..

101 Die Penmaenmawrer Sommerschule endete mit Rudolf Steiners Abendvortrag vom 31. August; die Zugweiterfahrt nach London (in großer Reisegesellschaft) begann am nächsten Vormittag. Dass Rudolf Steiner Ita Wegman in den Morgenstunden des 1. September in Penmaenmawr – vor Beginn der Zugfahrt – oder noch nach seinem Abendvortrag vom 31.8. zu der medizinischen Thematik sprach, ist nicht unbedingt wahrscheinlich.

102 Vgl. GA 319 und die entsprechende Patienten-, Ärzte- und Heilmittelkorrespondenz im Nachlass Ita Wegmans (Ita Wegman Archiv, Arlesheim). Interessanter Weise schrieb Ita Wegman im November 1925, dass in den Londoner Tagen «der erste Schritt zur Bildung der medizinischen Sektion» gelegt worden sei (*An die Freunde,* S. 126), möglicherweise unter Bezugnahme auf das Gespräch mit Rudolf Steiner.

103 – etwa im Sinne der von Madeleine van Deventer geäußerten Vermutung: «Auch in ihr [Ita Wegman] mögen Bilder [in der Brandnacht des Goetheanum] aufgestiegen sein, die Rudolf Steiner ihr später deuten konnte.» (vgl. Anm. 80). Möglicherweise las Madeleine van Deventer – wie zahlreiche andere Menschen – den im Nachlass Ita Wegmans aufgefundenen Spruch «Ich frage am Tigris / Es nickt freundlich ‹Ja› ... »

(s.u., S. 65) im Sinne von bejahenden Antworten Rudolf Steiners auf entsprechende Schicksalserinnerungen Wegmans, eine Deutung, die jedoch bereits textimmanent ausgesprochen problematisch ist. Wie spätestens der Schluss des Textes erkennen lässt, handelt Rudolf Steiners Spruch nicht von einer Bestätigung karmischer Erinnerungen, sondern von der – von Seiten des Initiaten erfragten – Bereitschaft zur Nachfolge und Zusammenarbeit.

104 – dennoch tradierte sich Zeylmans Darstellung seiner Erstauflage (vgl. Anm. 97) unmittelbar fort. Auch Sergej O. Prokofieff griff dieselbe in direkter Weise auf und schrieb nach Erwähnung der – ebenfalls unbelegten (vgl. Anm. 80) – Branderlebnisse Ita Wegmans: «In dieser Nacht [des Goetheanumbrandes] lebten in ihr erstmals ihre Erinnerungen an ihre eigene karmische Verbindung mit dem im Jahr 356 v.Chr. verbrannten Diana-Tempel in Ephesus und ihr gemeinsames Karma mit Rudolf Steiner auf. Ein halbes Jahr später sagte sie in Penmaenmawr aufgrund dieses entscheidendem Erlebnisses direkt zu Rudolf Steiner: ‹Wir kennen uns seit langem, du warst schon in alten Zeiten mein Lehrer› (Zeylmans, Bd. 1). Rudolf Steiner bestätigte diese Erkenntnis.» (*Menschen mögen es hören. Das Mysterium der Weihnachtstagung*, S. 389).

105 In diesem Sinne äußerte sich am Ende ihres Lebens auch Margarete Kirchner-Bockholt, der Ita Wegman als einem der wenigen Menschen über die Penmaenmawr-Gespräche andeutungsweise berichtet hatte (Vgl. a. Emanuel Zeylmans van Emmichoven: *Wer war Ita Wegman. Eine Dokumentation.* Band 1, S. 146). In ihren einleitenden Seiten «Schicksalswege» des später von Erich Kirchner herausgegeben Buches *Die Menschheitsaufgabe Rudolf Steiners und Ita Wegman* schrieb Margarete Kirchner-Bockholt, dass Rudolf Steiner in Penmaenmawr während der Sommerschule die Reihenfolge der gemeinsamen Inkarnationen «anvertraut» habe. Wegmans Fragen über das alte und neue Mysterienwesen hätten Steiner ermöglicht, «über karmisch Erlebtes, das mit Ephesus verbunden war, zu ihr zu sprechen» (ebd., S. 12). – Es scheint nicht ganz unwesentlich für das Bild Ita Wegmans zu sein, ihr «Schicksalserwachen» nicht als eine (anfängliche) Erkenntnis vergangener Inkarnationen zu begreifen, sondern primär als Anerkenntnis ihrer gültigen Beziehung zu Rudolf Steiner und als absolute Bereitschaft, ihm «nachzufolgen», d.h. unter Einsatz aller Kräfte mit ihm zusammenzuarbeiten. Diese Anerkenntnis implizierte auch die vertrauensvolle Bejahung des ihr von Rudolf Steiner in karmischer Hinsicht Mitgeteilten bzw. Anvertrauten, dem sich Wegman

mit Sicherheit ausgesprochen verbunden wusste. Ihre sämtlichen Selbstzeugnissen (auch aus späteren Jahren) aber lassen nirgendwo erkennen, dass Ita Wegman je den Anspruch erhob, eigene, unabhängig von Rudolf Steiner gewonnene Schicksalseinsichten und damit -erkenntnisse – im eigentlichen Sinne des Begriffes – zu haben («Über Inkarnationen zu sprechen, von denen man nicht sicher ist und [die] nur als Vermutungen dastehen – und sie sind doch *immer* Vermutungen, wenn nicht von Dr. Steiner persönlich die Bestätigung gegeben ist, dass das, was Vermutung ist, auch in der geistigen Welt richtig ist, ist nicht möglich.» Brief an Albrecht Strohschein, 16.12.1925. Ita Wegman Archiv, Arlesheim; vgl. a. Peter Selg: *Ita Wegman und die medizinische Sektion*, S. 84). Wieweit Ita Wegman Rudolf Steiner im zeitlichen Umkreis von Penmaenmawr mit karmischen «Vermutungen» entgegentrat, die von Steiner daraufhin «bestätigt» wurden – oder in welchem Ausmaß Rudolf Steiner ihr vielmehr diesbezügliche Zusammenhänge von sich aus aktiv eröffnete (bzw. – so Kirchner-Bockholt – «anvertraute») muss eine offene Frage bleiben.

106 Ita Wegman: *An die Freunde,* S. 154f.

107 Guenther Wachsmuth: *Rudolf Steiners Erdenleben und Wirken. Von der Jahrhundertwende bis zum Tode. Die Geburt der Geisteswissenschaft.* Dornach ²1951, S. 547f.

108 Zit. n. Thomas Meyer: *Ludwig Polzer-Hoditz. Ein Europäer.* Basel 1994, S. 565.

109 Vgl. Peter Selg: *Marie Steiner-von Sivers. Aufbau und Zukunft des Werkes von Rudolf Steiner.* Dornach 2006, S. 15f. («Die Frage [nach dem Beginn einer spirituellen Bewegung in Mitteleuropa] war mir [von Marie von Sivers] gestellt, und ich konnte, nach den geistigen Gesetzen, beginnen auf eine solche Frage die Antwort zu geben.» Rudolf Steiner, zit. n. Johanna Mücke: «Aus der Geschichte des Philosophisch-Anthroposophischen Verlages». In: Conrad Schachenmann (Hg.): *Marie Steiner-von Sivers im Zeugnis von Tatjana Kisseleff, Johanna Mücke, Walter Abendroth und Ernst von Schenk.* Basel 1984, S. 265). – Zur vergleichbaren Bedeutung der Penmaenmawr-Frage Ita Wegmans für die letzte Etappe von Rudolf Steiners Lebenswerk s.a. Sergej O. Prokofieff: *Menschen mögen es hören. Das Mysterium der Weihnachtstagung.* Stuttgart ¹2002, S. 392f. und Johannes Kiersch: *Zur Entwicklung der Freien Hochschule für Geisteswissenschaft. Die Erste Klasse,* S. 56.

110 Zit. n. Thomas Meyer: *Ludwig Polzer-Hoditz. Ein Europäer.* Basel 1994, S. 600.

111 Vgl. insbesondere Rudolf Steiner: *Der Mensch als Zusammenklang des schaffenden, bildenden und gestaltenden Weltenwortes* (19.10.–11.11.1923; GA 230) und *Mysteriengestaltungen* (23.11.–23.12.1923; GA 232).

112 Vgl. hierzu im Einzelnen Peter Selg: *Der Aufbau der medizinischen Sektion am Goetheanum unter Rudolf Steiner und Ita Wegman,* 1923–1925 (in Vorbereitung).

113 Zit. n. Emanuel Zeylmans van Emmichoven: *Wer war Ita Wegman. Eine Dokumentation.* Band 1, S. 152.

114 An einer kommentierten Publikation der gesammelten Dokumente dieser esoterischen Schulung arbeitet Emanuel Zeylmans van Emmichoven.

115 «Die Michael-Herrschaft, das heißt das Einfließen des sonnenhaften Michael-Impulses in die ganze Zivilisation im Fortschreiten der Menschheit, trat mit dem Ende der siebziger Jahre des vorigen Jahrhunderts ein.» (240, 212)

116 Vgl. hierzu: Peter Selg: *«Ich bin für Fortschreiten». Ita Wegman und die medizinische Sektion.* Dornach [2] 2004, S. 44f.

117 Ita Wegman Archiv, Arlesheim. – «Es ist außer allem Zweifel, dass Rudolf Steiner im Falle von Ita Wegman von Anfang an wollte, dass sie sich an ihre vergangenen Inkarnationen erinnern und bewusst mit ihnen arbeiten sollte.» (Sergej O. Prokofieff: *Menschen mögen es hören. Das Mysterium der Weihnachtstagung,* S. 402). Zu Sergej O. Prokofieffs kontextueller Betrachtung der esoterischen Schülerschaft Ita Wegmans im Hinblick auf die südlichen Mysterien «der geistigen Zeit» (und ihrer immanenten Notwendigkeit der Geist- bzw. Schicksalserinnerung) – im Kontrast zum nördlichen Mysterienweg Marie Steiner-von Sivers' – vgl. ebd., S. 369ff.

118 Vgl. Anm. 92, Hervorhebung v.V.

119 Zur geschichtlichen Physiognomie des Jahres 1923 in Deutschland und Mitteleuropa vgl. Peter Selg: «Das Jahr 1923», in: Peter Selg: *Gerhard Kienle. Leben und Werk. Band I. Eine Biographie.* Dornach 2003, S. 25–50; Hanna Vollmer: *Chronik* 1923. *Tag für Tag in Wort und Bild.* Gütersloh/München 1987 und Mark Mazower: *Der dunkle Kontinent, Europa im* 20. *Jahrhundert.* Berlin 2000, S. 17ff.

120 Den *«Mut des Heilens»* als zentrales (und in geistiger Hinsicht wegweisendes) Charakteristikum der therapeutischen Arbeit und Befähigung Ita Wegmans betonte Rudolf Steiner in verschiedenen Vorträgen der Jahre 1923/24, beginnend mit einer Penmaenmawr-Darstellung vom 28.8.1923

(vgl. 319, 29; vgl. a. die entsprechenden Vortragsstellen vom 15.11. und 16.11.1923 [Den Haag; 319, 107/128], 17.7.1924 [Arnheim; 319, 160) und 24.7.1924 [Arnheim; 319, 202]).

121 Ita Wegman Archiv, Arlesheim.

122 Ebd.

123 Ita Wegman: *An die Freunde*, S. 14

124 ebd. S. 12

125 ebd.

126 Als von einer durch Michael *«inspirierten»* und von ihm zugleich realiter *«geleiteten»* esoterischen Schule sprach Rudolf Steiner in seiner letzten Dornacher Klassenstunde am 20. September 1924, kurz vor Anbruch seines Krankenlagers: «Und durch alles dasjenige, was mit dem Impuls der Weihnachtstagung zusammenhängt, durch alles das ist die Möglichkeit herbeigeführt worden, dass diese den Kern der anthroposophischen Bewegung bildende esoterische Schule anzusehen ist als die von Michael selbst inspirierte und geleitete Schule. Dadurch besteht sie in unserem Zeitalter zurecht [...].» (270/III, 124).

127 Ita Wegman bezeichnete viele Jahre später die Weihnachtstagung als zum *«Urimpuls»* Rudolf Steiners gehörig – und schrieb über diesen (sozialen) «Urimpuls», dass er in der Intention bestanden habe, die Anthroposophische Gesellschaft zu einem *«Gefäß»* zu machen, *«in das esoterisches Weisheitsgut hereinfließen sollte, das von Michael und der Michaelschule kommen sollte»* (Brief an Klara Župic-Dajceva, 1.2.1935; zit. n. Peter Selg: *Geistiger Widerstand und Überwindung. Ita Wegman* 1933–1935. Dornach 2005, S. 166).

128 Vgl. GA 233 und Emanuel Zeylmans van Emmichoven: *Wer war Ita Wegman. Eine Dokumentation.* Band 1, S. 172ff. bzw. Band 3, S. 178ff. (dort publizierte Emanuel Zeylmans eine tabellarische Übersicht zu Rudolf Steiners Äußerungen über seine geschichtliche Zusammenarbeit mit Ita Wegman). Über die Abendvorträge der Weihnachtstagung schrieb Zeylmans unter anderem: «Wer diesen Zyklus als einen unter Hunderten liest, wird vielleicht nicht gewahr, was er [Rudolf Steiner] mit diesen Vorträgen wollte. Sie stehen im Zusammenhang mit seinem Verhältnis zu Ita Wegman, das sich seit dem Brand des Goetheanums, durch ihre Fragen in Penmaenmawr und in der Arbeit an dem medizinischen Buch gewandelt hatte. Warum er gerade mit diesen Darstellungen die tägliche Arbeit der Weihnachtstagung abschloss, ist eine Frage, die Ita Wegmans Leben zutiefst betrifft. Nur einigen Anwesenden ging während der Abendvor-

träge ein Licht auf, wie er mit seinen Schilderungen gleichsam ein Stück Autobiographie gab, so wie er in dem Wochenblatt *Das Goetheanum* seit dem 9. Dezember die Darstellung seines gegenwärtigen Lebens begonnen hatte. Er hatte die Führung der Anthroposophischen Gesellschaft übernommen – nun sollten deren Mitglieder auch erfahren, wer er war.» (*Wer war Ita Wegman. Eine Dokumentation.* Band 1, S. 172f.). «Es ist doch wirklich der karmische Zusammenhang zwischen Rudolf Steiner und mir ein wesentlicher Bestandteil der Weihnachtstagung. Das wissen viele Menschen im Goetheanum sehr gut, deshalb auch der Hass gegen mich, der konsequent durchgeführt wird. Solange wird der Hass bleiben, bis es gelungen sein wird, die Weihnachstagung aus der Erinnerung der Mitglieder auszuwischen, damit eine Geschichtsfälschung vorgenommen werden könnte, um die Menschen *nicht* zum Karmaerleben zu bringen.» (Brief Ita Wegmans an Walter Johannes Stein, 9.1.1935; zit. n. Peter Selg: *Geistiger Widerstand und Überwindung. Ita Wegman 1933–1935*, S. 158f.)

129 Vgl. Peter Selg: *«Die Medizin muss Ernst machen mit dem geistigen Leben.» Rudolf Steiners Hochschulkurse für die «jungen Mediziner»*. Dornach 2006, insbesondere Kap. 1 und 2 («Die ‹Intentionen der Weihnachtstagung›» / «Die Weihnachtstagung und die Heilkunst»).

130 – darauf, dass *«Christian Rosenkreutz mit seinen Scharen bei der Weihnachts-Grundsteinlegung in die ‹Schreinerei› einzog»*, machte Rudolf Steiner offenbar in einem Gespräch aufmerksam (Vgl. Margarete und Erich Kirchner-Bockholt: *Die Menschheitsaufgabe Rudolf Steiners und Ita Wegman*. Dornach 1976, S. 94).

131 Vgl. hierzu insbesondere Rudolf Steiners Vortrag vom 30.12.1923 (GA 233). – Am Ende umfangreicher Darstellungen über Substanz- und Gestaltungskräfte als Wissens-Elemente einer spirituellen Naturerkenntnis sagte Rudolf Steiner: «Ich erwähne diese Dinge, damit Sie sehen, wie notwendig es ist, nicht bloß hinzuschauen auf dieses ganz jämmerlich Abstrakte, das in Kohlenstoff, Stickstoff, Wasserstoff, Sauerstoff und so weiter vorhanden ist, sondern dass es notwendig ist, hinzuschauen auf die wunderbaren Gestaltungsprozesse, auf die inneren intimen Beziehungen in der Natur und in den Naturvorgängen. Und solches lag wirklich einmal instinktiv der Wissenschaft zugrunde. Das ist verlorengegangen im Laufe der geschichtlichen Entwickelung der Menschheit gegen das 15. Jahrhundert hin. Das muss wiedererobert werden. Wieder müssen wir in die intimen Beziehungen des natürlichen Daseins und seines Verhält-

nisses zum Menschen hineingelangen. Nur dann, wenn wiederum solche Beziehungen erkannt werden, wird eine wirkliche Einsicht in den gesunden und kranken Menschen wiederum dasein können.» (233, 127) – Wie Ita Wegmans Brief vom 18.12.1923 an ihren ärztlichen Kollegen Otto Palmer erkennen lässt, hatte Rudolf Steiner im Vorfeld der Weihnachtstagung offensichtlich beabsichtigt, der medizinischen Thematik sogar noch einen größeren Raum innerhalb seiner Abendvorträge einzuräumen: «Nach Rücksprache mit Herrn Dr. Steiner wird Herr Dr. während der Weihnachtsveranstaltung in den letzten drei Tagen die Vorträge allgemein medizinisch gestalten, für alle Mitglieder also.» (Ita Wegman Archiv, Arlesheim. Veröffentlichung des gesamtes Briefes in: Peter Selg: *Helene von Grunelius und die Kurse für die jungen Mediziner.* Dornach 2003, S. 56f.)

132 Vgl. Peter Selg: *«Die Medizin muss Ernst machen mit dem geistigen Leben.» Rudolf Steiners Hochschulkurse für die «jungen Mediziner».* Dornach 2006.

133 Vgl. Rudolf Steiner: *Mysterienstätten des Mittelalters. Rosenkreuzertum und modernes Einweihungsprinzip* (Vorträge Dornach, 4.–13.1.1924, GA 233a). Nach detaillierten Schilderungen mittelalterlicher Initiationsweisen und rosenkreuzerischer Natur- und Kosmoserkenntnisse (unter Einschluss ihrer medizinischen Anwendung, vgl. 233, 46f.) ging Rudolf Steiner in seinem Dornacher Vortrag vom 13. Januar auf die neuen Erkenntnisvoraussetzungen am Ende des 19. Jahrhunderts – zu Beginn der Michaels-Zeit – ein, und sagte dabei unter anderem: «Das ist das Eigentümliche der Rosenkreuzerei, dass diese Rosenkreuzerei in einer Übergangszeit dabei stehen bleiben musste, in gewisse traumhafte Zustände hineinzukommen und gewissermaßen die höhere Wahrheit desjenigen zu träumen, was die Wissenschaft nüchtern hier in der Natur findet. Das ist aber das Eigentümliche seit dem Beginn der Michael-Epoche, seit dem Ende der siebziger Jahre im letzten Drittel des 19. Jahrhunderts, dass dasselbe, was während der alten Rosenkreuzerzeit in der geschilderten Weise erreicht worden war, nun in bewusster Weise erreicht werden kann. So dass man heute sagen kann: Es braucht nicht mehr jenen anderen Zustand, der halbbewußt ist, aber es braucht einen höheren bewussten Zustand. Und dann, dann kann man mit den Naturerkenntnissen, die man sich erwirbt, hineintauchen in die höhere Welt, und das, was man sich als Naturerkenntnis erworben hat, das taucht einem entgegen aus der höheren Welt; indem man das ins Astrallicht Eingeschriebene wieder

liest, taucht es einem entgegen in geistiger Realität. Und das, was man da tut, dass man hinausträgt in eine geistige Welt die hier errungenen Naturerkenntnisse oder auch die Schöpfungen der naturalistischen Kunst oder auch die Empfindungen der naturalistisch im Innern der Seele wirkenden Religion – denn im Grunde ist ja auch die Religion naturalistisch geworden –, indem man das alles hinaufträgt, begegnet man in der Tat, wenn man die Fähigkeiten dazu entwickelt, Michael. Und so kann man sagen: Die Rosenkreuzerei ist dadurch gekennzeichnet, dass ihre erleuchtetsten Geister eine starke Sehnsucht hatten, Michael zu begegnen. Sie konnten es nur wie im Traume. Seit dem Ende des letzten Drittels des 19. Jahrhunderts können die Menschen in bewusster Weise dem Geiste Michael begegnen. – Aber Michael ist eben eine eigenartige Wesenheit. Michael ist eine Wesenheit, die eigentlich nichts offenbart, wenn man ihr nicht aus emsiger geistiger Arbeit von der Erde aus etwas entgegenbringt. Michael ist ein schweigsamer Geist. Michael ist ein in sich verschlossener Geist. Während andere der regierenden Erzengel vielredende Geister sind – im geistigen Sinne natürlich –, ist Michael ein durchaus verschlossener Geist, ein wenig redender Geist, der höchstens spärliche Direktiven gibt. Denn das, was man von Michael erfährt, ist eigentlich nicht das Wort, sondern – wenn ich mich so ausdrücken darf – der Blick, die Kraft des Blickes. Und das beruht darauf, dass eigentlich Michael sich am meisten zu tun macht mit demjenigen, was die Menschen aus dem Geistigen heraus schaffen. Er lebt in den Folgen des von den Menschen Geschaffenen. Die anderen Geister leben mehr mit den Ursachen, Michael lebt mehr mit den Folgen. Die anderen Geister impulsieren im Menschen dasjenige, was der Mensch tun soll. Michael wird der eigentlich geistige Held der Freiheit sein. Er läßt die Menschen tun, aber nimmt dann das, was aus Menschentaten wird, auf, um es weiter fortzutragen im Kosmos, um dasjenige, was Menschen damit noch nicht wirken können, weiterzuwirken im Kosmos. – Man hat anderen Wesenheiten aus der Hierarchie der Archangeloi gegenüber das Gefühl: von ihnen kommen die Impulse, das oder jenes zu tun; im größeren oder geringeren Grade kommen von ihnen die Impulse. Aber Michael ist derjenige Geist, von dem zunächst nicht Impulse kommen, weil seine wirklich repräsentative Herrschaftsperiode diejenige ist, die jetzt kommt, wo die Dinge aus der menschlichen Freiheit kommen. Wenn aber der Mensch aus seiner Freiheit heraus, angeregt durch das Lesen des Astrallichtes, bewusst oder unbewusst dies oder jenes tut, so trägt Michael das, was menschliche Erdentat ist, in den Kosmos hinaus, dass es kosmische Tat wird. Er kümmert sich um die Folgen, andere Geister mehr um die Ursachen. – Aber Michael ist nicht nur ein verschlossener, schweigsamer Geist, Michael kommt, indem er an den Menschen herantritt, mit einer deutlichen Abweisung von vielem an den Menschen heran, in dem der Mensch heute noch auf Erden lebt. So zum Beispiel alles das, was sich im Menschen- oder im Tierleben oder im Pflanzenleben an Erkenntnissen bildet, die auf die vererbten Eigenschaften gehen, die auf dasjenige gehen, was sich in der physischen Natur forterbt, das ist so, dass es einem vorkommt: Michael stößt es abweisend von sich. Er will damit zeigen, dass solche Erkenntnisse dem Menschen für die geistige Welt nichts fruchten können. Nur was der Mensch unabhängig von dem rein Vererbbaren in der Menschheit, in der Tierheit, in der Pflanzenheit findet, das lässt sich vor Michael hinauftragen. Und da bekommt man nicht die so vielsagende abweisende Handbewegung, sondern man bekommt den zustimmenden Blick, der einem sagt: Das ist gerecht gedacht vor der Lenkung des Kosmos. – Denn das ist dasjenige, was man immer mehr und mehr erstreben lernt: gewissermaßen zu sinnen, um durchzustoßen bis zum Astrallichte, zu schauen die Geheimnisse des Daseins und dann vor Michael hinzutreten und den zustimmenden Blick zu bekommen, der einem sagt: Das ist richtig, das ist gerecht vor der Lenkung des Kosmos.» (233a, 93ff.)

134 Hervorhebung v.V.

135 Nach Sergej O. Prokofieff begannen während der Grundsteinlegung «unter der Anwesenheit von Michael und Christian Rosenkreutz mit dessen nächsten Schülern durch die Tat Rudolf Steiners die Neuen Mysterien», deren Zentrum Prokofieff zufolge «die Vereinigung des rosenkreuzerischen und des michaelischen Christentums auf Grundlage des zentralen Impulses der Erdenentwicklung» darstellt – «des Impulses des Christus und des Mysteriums von Golgatha» (Sergej O. Prokofieff: *Die Grundsteinmeditation. Ein Schlüssel zu den neuen christlichen Mysterien.* Dornach 2003, S. 82). Vgl. zu dieser Thematik insbesondere das grundlegende Kapitel «Die Vereinigung der rosenkreuzerischen und der michaelischen Strömung in der Grundsteinmeditation» der genannten Monographie Sergej O. Prokofieffs (S. 67–94). – Über die «michaelische» Atmosphäre der Grundsteinlegung schrieb Madeleine van Deventer in einer persönlichen Erinnerung an die Weihnachtstagung: «Es war eine warme, festliche Stimmung. Ein persönlicher Eindruck sei hier geschildert. Man konnte ein besonderes Licht, das über der Versammlung

webte, wahrnehmen, und eine Wärme, wie sie durch menschliche Brüderlichkeit entsteht. – Oft habe ich mich gefragt: Wo zeigte sich Michael bei dem Geschehen der Grundsteinlegung? Ich glaube, dass man ihn hier – in diesem Licht und in dieser Wärme – zu suchen hat, in aller Realität.» (Autoreferat zu Vorträgen über Ita Wegmans 100. Geburtstag, 1976. Madeleine van Deventer Archiv, Arlesheim). Zu den differenzierten Licht-Qualitäten der Grundsteinmeditation vgl. die grundlegende Studie von Willem Zeylmans van Emmichoven: *Der Grundstein.* Stuttgart [6] 1990, S. 87ff. (Kap. «Der Fünfstern und die Christus-Sonne»)

136 Ita Wegman Archiv, Arlesheim.

137 Ebd.

138 «Als der Zeitpunkt gekommen war, zog der Meister seinen weißen Kittel an, bestellte den präparierten Ton und fing an, das Modell des neuen Goetheanums zu modellieren. Fieberhaft arbeitete er, ohne wesentliche Ruhepausen. Ich durfte mit anwesend sein, durfte mit Erstaunen, mit heiliger Scheu miterleben, wie das Modell zustande kam. In drei Tagen war es fertig und stand dann da, eigenartig in seinen strengen, mächtigen und doch so schönen Formen. Aus dem Modell sollen wir nun errichten das neue Goetheanum auf dem Dornacher Hügel, ein Gebäude für die Anthroposophie der Gegenwart und der Zukunft! Die Anthroposophie mit ihren Freunden und Gegnern braucht ein Bauwerk, das beiden gerecht wird, ein Gebäude, in dem man in seinen inneren Räumlichkeiten der Kunst sich widmen und das Wort, das Anthroposophie verkünden will, hören kann, das außen in seiner Form und in seinem widerstandsfähigen Material zeigt, dass es standhaft bleiben und schützen will. – Michaels-Burg, neues Goetheanum! – Beglückt stand der Meister neben seinem Modell.» (Ita Wegman: *An die Freunde*, S. 20.). Das Modell des ersten Goetheanum hatte Rudolf Steiner in entsprechender Weise im Beisein Marie-von Sivers geformt (in einem Brief an Mieta Waller vom 2.2.1914 schrieb Marie von Sivers: «Jetzt muss ich Inspiratrice sein, wie es der Dr. nennt, d.h. stumme Figur neben ihm wenn er schafft. Ich kann nicht gut meine Schreibereien mitnehmen an all die entlegenen Orte, – Korrekturen [der Vortragszyklen] konnte ich diesmal in der Eile mir nicht schaffen, so muss ich mich eben mit der Rolle der stummen Inspiratrice bescheiden. Es war schon hübsch, die paar Stunden, in denen man alleine saß, aber meistens ist's doch ein Geschwirre in der Werkstatt, dass einem der Kopf mitschwirrt, und eine Dampfheizungsglut, die recht unerträglich ist. Die anderen Inspirationsstunden verbringe ich im Modell drin; da ist's wie

in einem Keller. Unter der einen Kuppel schafft der Dr. emsig. In Wachs verdichtete Lebenswellen gehen aus einer Form in die andere über; unter der anderen Kuppel sitze ich recht unbequem mit Hamerlings Hymnen und inspiriere bis ich steif werde.» 262, 280f.) Vgl. hierzu die ebenso brillante wie weiterführende Studie von Armin J. Husemann: «Marie Steiner, Ita Wegman und die Goetheanumbauten Rudolf Steiners», in: *Das Goetheanum*, Nr. 4/5 1997, S. 25–28 bzw. 37–39 sowie Sergej O. Prokofieff: *Menschen mögen es hören. Das Mysterium der Weihnachtstagung,* S. 394f. (über das zweite Goetheanum, seine Formensprache, Ausdrucksgestalt und Zielsetzung schrieb Prokofieff dort: «Es ist wie aus einem riesigen Felsen entstanden, aus einfachstem Material gegossen – aus Eisenbeton. Wie ein riesiger Kristall wächst es aus der Erde, sich ideal in seine Umgebung einfügend, indem es mit seinen ausdrucksvollen Formen die Umrisse des felsigen Gempens wiederholt. «Michaelsburg» nannte es Ita Wegman. Und dieser Name gibt erstaunlich genau sein geistiges Wesen wieder. Mit seinem strengen Antlitz nach Westen weisend, und das heißt in Richtung der Schwierigkeiten unserer Zeit, zeugt es beredt von der Festigkeit und Unbeugsamkeit des michaelischen Willens. Dieser mächtige Bau ist Geist vom Geiste und Fleisch vom Fleische der gegenwärtigen Michael-Epoche, der apokalyptischen Epoche, in der der entscheidende Kampf mit dem ahrimanischen Drachen stattfinden wird, die Epoche der Verkörperung Ahrimans auf der Erde.» ebd., S. 395)

139 Ita Wegman: *An die Freunde*, S. 20.

140 «Dann sprach Rudolf Steiner von einem Versprechen, das er der geistigen Welt gegenüber gemacht hatte und es halten müsste, wenn die Dinge nicht anders würden.» (Ita Wegman: Konzept eines Vortrages über Rudolf Steiner [London, 27.2.1931], Ita Wegman Archiv, Arlesheim; Hervorhebung v.V.; vgl. a. Emanuel Zeylmans van Emmichoven: *Wer war Ita Wegman. Eine Dokumentation.* Band 1, S. 315) – Auch Friedrich Rittelmeyer erinnerte ein Gespräch mit Rudolf Steiner im Mai 1924 mit den Worten: «Fast erdrückt erschien er vom Versagen seiner Anhänger.» (*Meine Lebensbegegnung mit Rudolf Steiner.* Stuttgart [10] 1983, S. 156f.)

141 Von dem mit der Übernahme des exoterischen Gesellschaftsamtes verbundene spirituelle «Wagnis» sprach Rudolf Steiner nach der Weihnachtstagung wiederholt («Die ganze Gestaltung der Anthroposophischen Gesellschaft, meine lieben Freunde, war dazumal ein Wagnis. Denn durch diesen Saal, in dem diese Weihnachtstagung war und begründen sollte die Neugestaltung der Anthroposophischen Gesellschaft, durch diesen

Saal ging das reale, bedeutsame Dilemma: Wird es möglich sein, dasjenige, was nunmehr, wenn die Weihnachtstagung wahr sein soll in ihrem Fortwirken, wirklich herauszuholen aus den geistigen Welten und es zur Mitteilung zu bringen? Oder aber werden versiegen die Quellen, die der Erforschung der geistigen Welt zugrunde liegen müssen? Aber es musste diese innere Krisis in der anthroposophischen Bewegung da sein, mit vollem Bewusstsein aufgefasst werden. Es musste diesen beiden Möglichkeiten entgegengeschaut werden.» [236, 268]. «[...] Es lag durchaus um die Weihnachtszeit die Eventualität vor: Entweder werden diejenigen geistigen Mächte, welche uns die Anthroposophie geben, Anstoß nehmen daran, dass die äußere Verwaltung nun herangezogen wird an die Esoterik selber, oder aber es wird etwas anderes eintreten. Daher war der Entschluss der denkbar schwierigste, der damals zu fassen war. Denn es konnte durchaus auch die Möglichkeit da sein, dass die Ströme geistigen Lebens, die uns zugeflossen sind, gerade durch einen solchen Entschluss hätten gefährdet werden können.» [238, 13]) – Am 23. Mai 1924, fünf Monate nach der Weihnachtstagung, eröffnete Rudolf Steiner dann in Paris, dass die geistige Welt den Vollzug der Weihnachtstagung positiv aufgenommen habe – und sagte: «Nun, meine lieben Freunde, es war ein ganz bedeutender Entschluss, auch gegenüber der geistigen Welt, den ich damals fassen musste. Denn es war ein Wagnis. Ein Wagnis aus dem Grunde, weil mit der Übernahme der äußeren Führung ebenso gut es hätte sein können, dass die Offenbarungen von Seite geistiger Wesenheiten, auf die wir doch durchaus angewiesen sind, wenn es sich um Verbreitung der Anthroposophie handelt, – dass diese Offenbarungen geistiger Wesenheiten hätten weniger werden können dadurch, dass ich mich in Anspruch nehmen ließ von der äußeren Verwaltung der Gesellschaft. Ich darf heute schon auf die außerordentlich bedeutsame Tatsache hinblicken, dass dies nicht der Fall ist, sondern dass im Gegenteil seit der Weihnachtstagung der geistige Impuls, der aus den spirituellen Welten herunterkommen muss, wenn die anthroposophische Bewegung ihren richtigen Fortgang nehmen soll, durchaus gewachsen ist, so dass unsere anthroposophische Bewegung seit unserer Weihnachtstagung immer esoterischer und esoterischer werden konnte und es weiter werden wird.» (239, 79f.) Auch in Dornach hieß es vier Wochen später: «In der geistigen Welt ist die Entscheidung darüber getroffen worden, dass gerade seit jener Weihnachtstagung die Quellen der geistigen Welt mehr geöffnet sind als vorher, dass also die Grundlagen da sind, wenn sie verstanden werden von der Gesellschaft, um im Wesentlichen die anthroposophische Bewegung zu vertiefen.» (236, 268) Wiederum einen Monat später sagte Rudolf Steiner in Arnheim (am 18. Juli 1924): «Man darf schon sagen: Was zu Weihnachten übernommen worden ist, war in gewissem Sinne ein Wagnis. Denn es war eine gewisse Eventualität vorhanden: diese, dass vielleicht – dadurch, dass die Leitung der Anthroposophischen Gesellschaft unmittelbar zusammengebracht wurde mit der Vertretung des spirituellen Weisheitsgutes – jene geistigen Mächte, welche in der geistigen Welt die anthroposophische Bewegung leiten, ihre Hände hätten abziehen können. Es darf gesagt werden, dass dies nicht der Fall war, sondern das Gegenteil ist der Fall: Mit einer größeren Gnade, mit einem höheren Wohlwollen kommen diese geistigen Mächte demjenigen entgegen, was durch die anthroposophische Bewegung fließt. Es liegt auch in einem gewissen Sinne ein Versprechen vor gegenüber der geistigen Welt. Dieses Versprechen wird in unverbrüchlicher Weise erfüllt werden, und man wird sehen, dass in der Zukunft die Dinge geschehen werden, wie sie der geistigen Welt gegenüber versprochen wurden.» (240, 143). – Rudolf Steiner sprach in seinen entsprechenden Darstellungen immer wieder in der zitierten Weise von einem «Wohlwollen» der geistigen Mächte in Plural-Form («Nun darf heute wirklich, ich möchte sagen im Angesicht *all der geistigen Mächte*, die zusammenhängen mit der anthroposophischen Bewegung, gesagt werden, dass jene Verbindungen, die bestehen zwischen den spirituellen Welten und den Offenbarungen, die durch die anthroposophische Bewegung fließen sollen, intimer, einschneidender, reichlicher geflossen sind, als das vorher der Fall war, dass also tatsächlich von den beiden Eventualitäten, die haben eintreten können, die eine, die so günstig wie möglich ist für den weiteren Fortgang der anthroposophischen Bewegung, wirklich eingetreten ist. Man darf sagen: Mit vollem Wohlwollen sehen unausgesetzt seit der Begründung der Anthroposophischen Gesellschaft am Goetheanum *jene geistigen Mächte*, von denen wir unsere Offenbarungen haben, mit einem noch größeren Wohlwollen sehen sie auf uns herab, als das früher der Fall war.» 240, 203; Hervorhebung v.V.) Dennoch versuchte Sergej O. Prokofieff in verschiedenen seiner Arbeiten aufzuzeigen, dass es insbesondere der Zeitgeist *Michael* war, der Rudolf Steiners Opfertat bejahte und in seine kosmische Sphäre aufnahm, im Sinne der Michaels-Charakteristik Rudolf Steiners: «[Michael] lässt die Menschen tun, aber nimmt dann das, was aus Menschentaten wird, auf, um es weiter fortzutragen im Kosmos, um dasjenige, was Menschen damit noch nicht wirken können, weiterzuwirken im Kosmos.» (233a, 94). In diesem Zusammenhang schrieb Prokofieff über Rudolf Steiners Opferhandlung und seine Schaffung des Grundsteins: «Erst jetzt konnte der Zeitgeist als Antwort auf sie seine Esoterische Schule auf der Erde begründen, in der eine weitere Metamorphose der Rosenkreuzereinweihung stattfand. Diese Einweihung wurde nun in der Michael-Schule zu einer kosmischen Tatsache, die alle göttlich-geistigen Hierarchien betrifft. Ein neues *kosmisches Rosenkreuzertum* begründete Michael durch Rudolf Steiner auf der Erde.» (*Die Grundsteinmeditation. Ein Schlüssel zu den neuen christlichen Mysterien*, S. 81).

142 «Wenn man heute in die Welt hinaussieht, so bietet sich, zwar seit Jahren schon, außerordentlich viel Zerstörungsstoff. Kräfte sind am Werk, die ahnen lassen, in welche Abgründe die westliche Zivilisation noch hineinsteuern wird.» (259, 270). – Zur schließlichen Bilanz des 20. Jahrhunderts als eines – geschichtlich bis dahin unvorstellbaren – Katastrophenzeitalters vgl. u.a. die rückblickende Studie des englischen Historikers Eric Hobsbawm: *Das Zeitalter der Extreme. Weltgeschichte des 20. Jahrhunderts* (München [5]2002). Bereits in der Einleitung seines erschütternden Buches schrieb Hobsbawm: «Wie sah die Welt der neunziger Jahre [des 20. Jahrhunderts] aus, verglichen mit der Welt von 1914? Sie war von fünf oder sechs Milliarden Menschen bevölkert, etwas dreimal soviel, wie beim Ausbruch des Ersten Weltkriegs gelebt hatten, und dies trotz der Tatsache, dass während des kurzen 20. Jahrhunderts mehr Menschen umgekommen sind oder auf Weisung und mit Erlaubnis Menschen ermordet als jemals zuvor in der Geschichte. Eine neuere Schätzung der ‹Megatode› dieses Jahrhunderts beläuft sich auf 187 Millionen (Brzezinski, 1993), was mehr als einem von zehn Menschen der gesamten Weltbevölkerung von 1900 entspricht.» (ebd., S. 26).

143 Unmittelbar nach seiner Bekanntmachung der positiv aufgenommenen Weihnachtstagung durch die geistige Welt und die eingetretene Vertiefung der anthroposophischen Bewegung sagte Rudolf Steiner in Paris: «Es ist damit verbunden, dass allerdings auch – ich meine von der geistigen Seite her – sehr starke gegnerische Mächte, dämonische Mächte gegen die anthroposophische Bewegung anstürmen. Aber es steht durchaus zu hoffen, dass die Kräfte des Bündnisses, das wir durch die Weihnachtstagung mit guten geistigen Mächten schließen durften, in der Zukunft imstande sein werden, alle diejenigen gegnerischen Mächte auf geistigem Gebiete, die sich doch der Menschen auf Erden bedienen, um ihre Wir-

kungen zu erzielen, – alle diese gegnerischen Mächte aus dem Felde zu schlagen.» (239, 80) In ihren Erinnerungen an das Jahr 1924 mit Rudolf Steiner schrieb Ita Wegman: «Es war eines Tages, dass mir von Rudolf Steiner mitgeteilt wurde, wie Anti-Michael-Dämonen rücksichtslos an die Arbeit sich begeben, das Werk Michaels nicht aufkommen zu lassen und zu zerstören. Sie verbergen solche Absichten, und nur Menschen können den Dämonen ihre Geheimnisse entlocken. Nur Menschen sind es, die von Dämonen-Geheimnissen ein Wissen haben können. Die Götter warten auf diese Geheimnisse, die ihnen die Menschen entgegenbringen, und die Götter sind es, die diese Geheimnisse der Dämonen den Menschen wiederum nur enträtseln können. Durch solches Opfern der Menschen an die Götter von Dämonen abgerungenen Geheimnissen wird finsteres Tun dieser Dämonen abgewendet, sodass, wo Finsternis gewaltet hat, das geistige Licht wieder aufleuchten kann. – Diese Anti-Michael-Dämonen, zu denen auch Klingsor und seine Scharen gehört, waren tüchtig am Werk und machten höhnende Drohungen, sich geltend zu machen, wenn die Michaels-Impulse, die so mächtig eingesetzt hatten, nicht zum Durchbruch kommen können. – Meine bange Frage war: was wird geschehen, wenn dies nicht gelingt? Und die Antwort lautete: dann wird das Karma walten.» (Ita Wegman: *An die Freunde,* S. 102f.)

144 Über die Begleitung Rudolf Steiners durch Ita Wegman in dieser Zeit schrieb Madeleine van Deventer in einer kurzen Zwischenbemerkung eines unveröffentlichten Manuskriptes: «Wir wissen [...], dass Rudolf Steiner selbst schwersten Angriffen der Widersachermächte ausgesetzt war. *Eines Morgens sagte er zu Ita Wegman, ihre Individualität habe in der Nacht ihm beigestanden im Kampf gegen die Dämonen.»* (Autoreferat zu Vorträgen über Ita Wegmans 100. Geburtstag, 1976. Madeleine van Deventer Archiv, Arlesheim) Vgl. zu dem «Kampf gegen die Dämonen» auch Anm. 143, Emanuel Zeylmans van Emmichoven: *Wer war Ita Wegman. Eine Dokumentation.* Band 1, S. 190f./268 sowie insbesondere Rudolf Steiners Dornacher Vortrag vom 16. September 1924 (GA 238).

145 Ita Wegman Archiv, Arlesheim; vgl. a. Anm. 143 und 144.

146 Ebd. – Vgl. a. Emanuel Zeylmans van Emmichoven: *Wer war Ita Wegman. Eine Dokumentation.* Band 1, S. 202f.

147 Ebd.

148 Ebd. – Über den Charakter von Rudolf Steiners Briefformulierungen gegenüber Marie von Sivers (später Marie Steiner-von Sivers) und Ita Wegman schrieb Sergej O. Prokofieff in einer prinzipiellen Bemerkung: «Die-

se intimeren Stellen im Briefwechsel Rudolf Steiners mit seinen nächsten Mitstreiterinnen wird man nur richtig verstehen, wenn man hinter der persönlichen Form ihrer Beziehung die *objektive Grundlage* wahrnimmt, die in das Wesen der Neuen Mysterien eingebettet und zugleich in eine Atmosphäre reinster Menschlichkeit getaucht war.» (*Menschen mögen es hören. Das Mysterium der Weihnachtstagung*, S. 406)

149 Vgl. Anm. 66.

150 Vgl. hierzu die gesammelten Zeugnisse meiner Studien über Edith Maryon und Marie Steiner-von Sivers, die die Nachkriegsjahre an der Seite Rudolf Steiners intensiv begleiteten und partiell auch erlitten (*Edith Maryon, Rudolf Steiner und die Dornacher Christus-Plastik.* Dornach 2006, S. 115ff.; *Marie Steiner-von Sivers. Aufbau und Zukunft des Werkes von Rudolf Steiner.* Dornach 2006, S. 139ff.)

151 Ita Wegman Archiv, Arlesheim. – Vgl. a. Emanuel Zeylmans van Emmichoven: *Wer war Ita Wegman. Eine Dokumentation.* Band 1, S. 207 bzw. S. 384f. (Faksimile).

152 Vgl. Anm. 92.

153 Vgl. Emanuel Zeylmans van Emmichoven: *Wer war Ita Wegman. Eine Dokumentation.* Band 3 und Peter Selg: *Marie Steiner-von Sivers. Aufbau und Zukunft des Werkes von Rudolf Steiner*, S. 212ff. – «Rudolf Steiners Bemühung zur Überbrückung [der Differenzen] schlugen fehl. So lud er z.B. Ita Wegman jeden Sonntag zum gemeinsamen Mittagessen in Haus Hansi ein. Es war ein Martyrium für sie [Ita Wegman] und wohl auch für Marie Steiner. – Nach Rudolf Steiners Tod wurde alles noch viel schwieriger.» (Madeleine van Deventer: *Ita Wegman – Marie Steiner.* Unveröffentlichtes Manuskript, ca. 1980. Madeleine van Deventer Archiv, Arlesheim). Zu den Schwierigkeiten zwischen Ita Wegman und Marie Steiner nach dem 30.3.1925 vgl.a. Johannes Kiersch: *Zur Entwicklung der freien Hochschule für Geisteswissenschaft. Die erste Klasse,* S. 67ff.

154 Die spirituelle Ausbildung und Bedeutung Edith Maryons wurde m.E. in der anthroposophischen Geschichtsschreibung bis heute nachhaltig unterschätzt («unter denjenigen, die mit innigem Fleiß und mit wahrer Innigkeit gehangen haben an dem, was diese erste Klasse gegeben hat, war eben Miss Maryon *obenan.*» 270, II, 29; Hervorhebung v.V.) – obwohl Rudolf Steiner nicht nur in der zitierten Klassenstunde vom 2. Mai 1924 mit Nachdruck darauf hinwies, dass die primäre Strebensrichtung Edith Maryons eine esoterische war («Das Wesentlichste ihrer Seele war [...] nicht irgend ein besonderer Zweig menschlicher Betätigung, und sei

es auch der der Kunst, das Wesentlichste ihrer Seelen-Tendenzen, ihrer Seelen-Intentionen war das Streben nach Geistigkeit […]. Vorzugsweise diese esoterische Vertiefung war auch das, was sie dann fortdauernd suchte innerhalb der Anthroposophischen Gesellschaft für sich und für das Streben ihrer Seele. Dabei aber war sie durchaus von einer weitgehenden und umfassenden Absicht beseelt, mitzuarbeiten an unserem Werke.» 263/1, 220). – In Studien und Betrachtungen, die seit 1925 der Zusammensetzung und geistigen Konfiguration des Dornacher Vorstands gewidmet wurden, kommt Edith Maryon zumeist überhaupt nicht vor; Rudolf Steiner jedoch wollte Edith Maryon nicht nur in diesem esoterischen Gremium haben (was aufgrund ihrer spirituellen wie künstlerischen Befähigung bzw. der bereits bestehenden Arbeitsgemeinschaft mit ihr außerordentlich nahe lag), sondern sah sie sehr wahrscheinlich – als *«obenan»* stehendes Mitglied der Ersten Klasse – in diesem Vorstand von wesentlicher, geistig tragender Bedeutung an.

155 Vgl. hierzu insbesondere GA 263/1 (Rudolf Steiner / Edith Maryon: *Briefwechsel.* Dornach [1]1990) und Peter Selg: *Edith Maryon, Rudolf Steiner und die Dornacher Christus-Plastik.* Dornach 2006. – Der schriftliche Nachlass Edith Maryons ist nur noch fragmentarisch erhalten (Rudolf Steiner Archiv; Archiv am Goetheanum; Ita Wegman Archiv). Vieles spricht dafür, dass zahlreiche esoterische und persönliche Niederschriften Rudolf Steiners für Edith Maryon als verloren gelten müssen.

156 Im Rückblick auf die Geschehnisse seit Penmaenmawr schrieb Emanuel Zeylmans van Emmichoven in seiner Wegman-Biographie über die innere Situation Ita Wegmans zur Zeit des Koberwitzer Briefes: «Ende August 1923, neunzehn Jahre nach ihrer ersten Frage in Berlin [«Nach Ablauf des Vortrages frug ich Rudolf Steiner, ob es nicht möglich wäre, mehr noch von solcher Weisheit zu erfahren.»], war ein [Geisterinnern in Ita Wegman] erwacht: während sie ihn [Rudolf Steiner] bat, die Mysterienheilkunst alter Zeiten für die heutigen Menschen neu zu erschaffen, ging ihr in einem geistigen Erlebnis die Erinnerung an vergangene Leben auf – sie wusste plötzlich, dass ein großes Schicksal sie mit diesem Menschen verband. Da konnte er ihr antworten, und die Antwort hatte große Folgen. Im Herbst und Winter gab er ihr zunehmend Hilfen, wie sie altes Schicksal ins Bewusstsein rufen könne. Während der Weihnachtstagung stellte er dieses alte Schicksal in seinen Abendvorträgen dar, für diese willenskräftige, tief empfindende Frau vielleicht nicht nur ein beglückendes Erlebnis, sondern auch eine schwerwiegende Verantwortung. Tiefen

Ernst muss sie damals empfunden haben in Bezug auf die Folgen seiner Ausführungen. Bei der gemeinsamen Arbeit an dem medizinischen Buch führte er lange Gespräche mit ihr, sie meditierten und beteten zusammen, damit die begonnene Zusammenarbeit ihre rechte Bahn finden würde. – Nicht ein Liebesverhältnis war gemeint – er sprach sie mit den Worten *«mein Freund»* an. Auch sollte in keiner Weise das Verhältnis zu Marie Steiner getrübt werden. Denn mit dieser großen Seele verband ihn ebenfalls ein großes Schicksal, von dem er sagte, dass er es *«wahrlich nicht anders haben möchte»*. Dass er seit einundzwanzig Jahren die Anthroposophie entwickeln konnte, war ihrer Treue, ihrem Einsatz, ihrer ungeheuren Arbeitskraft zu verdanken. Dieser Mensch Rudolf Steiner handhabte mit absoluter Strenge «das Notwendige» der Schicksalsverhältnisse. Keiner kannte so genau wie er die karmischen Bedingungen des Menschenlebens. Ein großer Initiat hatte Wegman seine Freundschaft geschenkt – wenn die Schülerschaft Ita Wegmans *«den ganz rechten Weg»* gehen sollte, würde er an ihr einen *«unerschütterlichen Freund»* haben. – Er sprach sie von nun an mit dem Namen «Mysa» oder «Mysa-Ita» an und schenkte ihr viele Gedichte und Meditationsübungen, um *«alte Bande»*, wie er sagte, zu erneuern; mehr und mehr sollte in ihr ein «Geisterinnern» geweckt werden, um das Zusammengehen heilsam zu gestalten. War er verreist, so hatte sie zu bestimmten Zeiten Mantren zu meditieren. *«Ich lebe in Deiner Meditation mit»*, schrieb er einmal. Sie wurde in den Strom seiner «Agape» aufgenommen, in die Liebe eines Mysterienführers zu seinem Mysterienschüler. – Ita Wegman hatte im Februar [1924] ihr neunundvierzigstes Lebensjahr begonnen. Man kann ahnen, wie sie sich in dieser Freundschaft empfand. Sie bemerkte, wie ihre Lebenskraft für ihn zur Stütze wurde. Mit ganzer Seele wollte sie ihn begleiten; sie war ein Mensch der Tat. Sie wollte ihn schützen, seine rapide zunehmende körperliche Schwäche heilen. Sie bemerkte auch, wie er ihre Nähe suchte. Einmal sagte er zu einem Arzt, dass Wegman der einzige Mensch sei, der immer genau zu unterscheiden wüsste, wann der Mensch und wann der Gott in ihm wirke. Für die heutigen Menschen sind solche Aussprüche sicher nicht leicht nachzuvollziehen, man möge jedoch bedenken, dass Anthroposophie, wenn sie im Leben verwirklicht wird, nicht leicht begreiflich ist. Sie ist das Mysterienwissen unserer Zeit und fordert eine Erkenntnisart, die unsere Zivilisation nicht hergibt – erst recht nicht, wenn es um Schicksalszusammenhänge geht. In Ita Wegman hat man einen Menschen des zwanzigsten Jahrhunderts vor sich, der in diesem Mysterienwesen eine Aufgabe zu erfüllen hatte.» (*Wer war Ita Wegman. Eine Dokumentation.* Band 1, S. 197f.)

157 Vgl. Peter Selg: «Zur Entstehung des Buches ‹Grundlegendes zu einer Erweiterung der Heilkunst nach geisteswissenschaftlichen Erkenntnissen›», in: Peter Selg: *«Und in der Tat, dies wirkte». Die Krankengeschichten des Buches «Grundlegendes zu einer Erweiterung der Heilkunst nach geisteswissenschaftlichen Erkenntnissen» von Rudolf Steiner und Ita Wegman.* Dornach 2007 (in Druck).

158 Brief Ita Wegmans an Rudolf Steiner, 8.4.1924. Rudolf Steiner Archiv, Dornach. Vgl. a. Emanuel Zeylmans van Emmichoven: *Wer war Ita Wegman. Eine Dokumentation.* Band 1, S. 201.

159 Über die Erkrankung und über die Behandlung Edith Maryons durch Ita Wegman sagte Rudolf Steiner in seiner Dornacher Gedenkansprache vom 3. Mai 1924: «Der Keim zu der Erkrankung von Miss Maryon ist gelegt worden während der Brandnacht des Goetheanums. Und von dem, was durch diesen Keim gelegt worden ist während der Brandnacht des Goetheanums, konnte sie wirklich durch die sorgfältigste Pflege nicht geheilt werden. Das sind eben karmische Zusammenhänge. Und gegen diese karmischen Zusammenhänge kann zwar selbstverständlich und muss sehr viel durch die Heilkunst getan werden, aber das Karma wirkt doch eisern, und man muss dann, wenn auch die sorgfältigste Pflege nicht zum Ziele führen konnte, dann erst eigentlich an das Karma denken. Während ein Mensch noch auf dem physischen Plane ist, darf nur daran gedacht werden, wie er geheilt werden kann. Und nach dieser Richtung hin ist wirklich durch die ganz aufopferungsvollen Bemühungen von Frau Dr. Wegman alles geschehen, was nur geschehen konnte. Edith Maryon hat auch an der Seite von Frau Dr. Wegman – ich selbst konnte ja abgehalten durch andere Verpflichtungen nicht zugegen sein – den physischen Plan verlassen.» (261, 304)

160 Vgl. Emanuel Zeylmans van Emmichoven: *Wer war Ita Wegman. Eine Dokumentation.* Band 1, S. 269f.

161 Vgl. hierzu insbesondere die Torquayer Vorträge vom 14. und 21. August (GA 243) sowie die diesbezüglichen Ausführungen von Emanuel Zeylmans van Emmichoven: «Hintergründe der anthroposophischen Heilkunst», in: *Wer war Ita Wegman. Eine Dokumentation.* Band 2, S. 99–117.

162 – so betonte Rudolf Steiner in *allen* Klassenstunden, die im September in Dornach gehalten wurden (6.9., 9.9., 11.9., 13.9., 15.9., 17.9. und

20.9.1924), dass die Weitergabe der Klassenmantren an ein Mitglied der Schule, das sie nicht besitze, lediglich mit seiner Erlaubnis *oder* derjenigen von Ita Wegman erfolgen dürfe. Hatte Steiner bereits in früheren Klassenstunden Ita Wegman als Schriftführerin des Vorstands erwähnt, bei der Anmeldungen für die Klasse einzugehen hätten, so akzentuierte er nun wiederholt ihre Mitverantwortung für die Leitung der Schule, in deren Händen die Erlaubnis zur Mantren-Weitergabe liege. So hieß es in der Klassenstunde vom 20.9. in exemplarischer Weise: «Dasjenige, was an mantrischen Sprüchen hier auf die Tafel geschrieben wird, kann nur von denjenigen besessen werden im strengsten Sinne des Wortes, welche hier das Recht haben, in der Schule zu sitzen. Und ist ein Mitglied der Schule einmal verhindert, an den Stunden teilzunehmen, wo mantrische Sprüche gegeben werden, so kann ein anderes Mitglied, das diese Sprüche hier in der Schule bekommen hat, diese Sprüche allerdings mitteilen; aber es muss für jeden einzelnen Fall, das heißt für jede einzelne Persönlichkeit, an die die Sprüche abgegeben werden sollen, erst um die Erlaubnis dazu gefragt werden, *entweder bei Frau Dr. Wegman oder bei mir selbst.* Wenn einmal für eine Persönlichkeit die Erlaubnis gegeben worden ist, so bleibt die dann fortbestehen. Aber für jede einzelne Persönlichkeit muss wiederum im besonderen bei Frau Dr. Wegman oder mir gefragt werden. Das ist nicht eine Verwaltungsmaßregel, das ist etwas, was im strengsten Sinne durch die Regeln des Okkulten gefordert wird. Denn die Tatsache muss dastehen, *dass jeder Akt der Schule verbunden bleibt mit der Leitung der Schule*; und das beginnt damit, dass man um Erlaubnis frägt, wenn so etwas geschehen soll, was zu den Taten der Schule gehört.» (270c, 127, Hervorhebung v.V.; den vorliegenden Notizen der Londoner Klassenstunde von 27.8. zufolge hatte Rudolf Steiner bereits dort – und damit erstmalig – gesagt: «Von den Sprüchen und dem Inhalt der Stunden darf nur mitgeteilt werden den Mitgliedern der esoterischen Schule, also denen, die die blaue Karte haben. Die nicht hier sein konnten, können die Sprüche von anderen bekommen, die hier waren. Aber in jedem einzelnen Fall muss fragen derjenige, der die Sprüche weitergeben will, *bei Dr. Wegman oder bei mir. Das gehört zur esoterischen Führung, dass in jedem einzelnen Fall als Tatsache diese Frage vorliege.*» 270c, 219; Hervorhebung v.V.; am selben Tag hielt Rudolf Steiner seinen zentralen Londoner Karma-Vortrag über die Grals-, Artus- und Michael-Strömung; einen Tag später – am 28. August – nannte er Ita Wegman erstmals seine «liebe Freundin und Mitarbeiterin auf medizinischem und sonstigem geistesforscherischem Gebiete, *auf dem Gesamtgebiete der Geistesforschung*»; 319, 220; Hervorhebung v.V.) Vgl. zu diesem Gesamtkomplex auch die Ausführungen von Johannes Kiersch, der über Rudolf Steiners wiederholte Nennung Ita Wegmans in den Klassenstunden vom September 1924 im Hinblick auf das Verfügungsrecht zur Mantren-Weitergabe schrieb: «Es ist wenig wahrscheinlich, dass er dabei nur Wegmans Funktion als ‹Schriftführer› im Auge hatte, wie später vielfach unterstellt wurde. Mehrfach gibt Wegman – im Einvernehmen mit Rudolf Steiner – selbständig formulierte Anweisungen in Angelegenheiten der Ersten Klasse, so an Lili Kolisko, Ludwig Polzer, Anna Gunnarsson. Ganz offensichtlich wurde sie von Rudolf Steiner keineswegs nur als Mitunterzeichnerin seiner Verlautbarungen oder als Protokollantin betrachtet – hierfür wäre Guenther Wachsmuth wesentlich befähigter gewesen –, sondern als voll verantwortliche Partnerin, zunächst mit Entscheidungsvollmacht bei Aufnahmen und bei der Weitergabe von Hochschulmantren, dann aber auch bei Fragen zu Inhalt und Form der Klassenarbeit.» (*Zur Entwicklung der freien Hochschule für Geisteswissenschaft. Die Erste Klasse*, S. 59). – Die (aus dem «Denkschrift»-Kontext der 30er Jahre stammende) Identifizierung von Ita Wegmans Aufgabe in der Klasse mit der Rolle eines (konventionell verstandenen) Schriftführers war und ist nicht nur *«wenig wahrscheinlich»* (Kiersch), sondern nachnachweislich falsch, d.i. wahrheitsentstellend («Bei der Gründung der I. Klasse [...] wurde Frau Dr. Wegman in keinem anderen Sinne als Mitarbeiter Rudolf Steiners bezeichnet als die anderen Vorstandsmitglieder, sie sollte jedoch als Schriftführer die Anfragen vermitteln [...].» *Denkschrift*. Dornach 1935, S. 14; s.a. die Faksimile-Abbildung der entsprechenden Seite in Ita Wegmans eigenem *Denkschrift*-Exemplar und Wegmans handschriftlicher Kommentar «Lüge», in: Peter Selg: *Geistiger Widerstand. Ita Wegman* 1933–1935, S. 173). Ludwig Graf Polzer-Hoditz sagte am 14.4.1935 auf der Dornacher Generalversammlung (die Wegmans Entfernung aus dem Vorstand und Hochschulkollegium beschloss) über Ita Wegman und die erste Klasse: «Nun muss ich darüber sprechen, was es für mein Verständnis für eine Bewandtnis hat mit Frau Dr. Wegman als Mitarbeiterin Rudolf Steiners in der Klasse. Denn Rudolf Steiner bezeichnete sie ganz deutlich als solche. Ich halte es für unrichtig, die Mitarbeiterin in der Klasse einfach zu identifizieren mit der Schriftführerin im Vorstand. Eine solche Identifizierung scheint mir doch in diesem Falle eine Kränkung zu sein. An solchen hat es ja nicht gefehlt. Es ist mir nicht unklar, wie Rudolf

Steiner das mit der «Mitarbeiterin» verstand. Die Einsetzung der Mitarbeiterin, also Gehilfin für die Gründung und Mitarbeit eines Mysterienwesens wie in dem vorliegenden Falle der Michaelschule, konnte nur auf einem tiefen, von Rudolf Steiner ganz bewusst erkannten, von ihm betonten Schicksalszusammenhange, dem er gerecht werden wollte, beruhen. Darüber habe ich gar keinen Zweifel, dass es so war. Rudolf Steiner hat Frau Dr. Wegman damit tatsächlich gesagt, dass sie in einem großen Schicksale steht. [...] Die Initiative zur esoterischen Michaelschule kam, wie Rudolf Steiner sagte, von Frau Dr. Wegman. Mit der Aufnahme dieser Initiative war dann zwischen ihm und ihr die notwendige esoterische Schicksalseinheit geschaffen, welche die Mysterienbedingung der neueren Zeit ist. [...] Als Rudolf 1924 von England zurückkam, deutete er durch verschiedene Hinweise an, wie er allmählich der Klasse einen kultischen Rahmen geben wolle. Es war aus dem im Michaelmysterium werdenden Kultischen, dass er dann bei Aufnahmen, die im September geschahen, von dem Handschlage und dem Versprechen sprach, welches auch Frau Dr. Wegman gegeben werden sollte. Dieses war ein Hinweis, dass eben für das Michael-Mysterium diese Schicksalseinheit Bedeutung habe.» (Zit.n. Emanuel Zeylmans: *Wer war Ita Wegman. Eine Dokumentation.* 3. Band, S. 334f.)

163 Brief Ita Wegmans an Albert Steffen, 16.3.1926 (Erstpublikation in: Emanuel Zeylmans van Emmichoven: *Wer war Ita Wegman. Eine Dokumentation.* Band 3, S. 65f.). – Vgl. a. Ita Wegmans Brief an Toni Völker vom 25.9.1925 (Ita Wegman Archiv, Arlesheim; Erstpublikation in: Johannes Kiersch: *Zur Entwicklung der Freien Hochschule für Geisteswissenschaft. Die Erste Klasse,* S. 220) und an Albert Steffen vom 21.8.1925 (Erstpublikation in: Emanuel Zeylmans van Emmichoven: *Wer war Ita Wegman. Eine Dokumentation.* Band 3, S. 59). In einer persönlichen Erinnerung an eine solche Aufnahmesituation in Rudolf Steiners Atelier im September 1924 hieß es: «Am 5.IX.24 wurde ich von R.St. in die I. Klasse aufgenommen. Nach dem mit einem Treue-Gelöbnis verbundenen Handschlag ließ er mich auch der neben ihm sitzenden Frau Dr. Wegman als Mit-Leiterin der Klasse die Hand geben.» (Brief W. Moldenhauers an Kurt Franz David, 15.11.1972; zit. n. Johannes Kiersch: *Zur Entwicklung der Freien Hochschule für Geisteswissenschaft. Die Erste Klasse,* S. 51). – Zu den Aufnahmeformen von Januar bis September 1924 vgl. Johannes Kiersch, ebd., S. 47f.

164 Vgl. Anm. 126.

165 Obwohl eine externe Einschätzung der entsprechenden «Schulungsreife» per se unmöglich ist, sprechen nachgelassene Dokumente von Bauer und Maryon im Hinblick auf ihre meditativen Erfahrungen bzw. okkulten Wahrnehmungen eine eindrucksvolle Sprache (vgl. Peter Selg: *Michael Bauer. Ein esoterischer Schüler Rudolf Steiners.* Dornach 2006, u.a. S.34f./S.72/S.93/S.95f./S.103f./S.122/S.130ff./S.134/S.137; Peter Selg: *Edith Maryon, Rudolf Steiner und die Dornacher Christus-Plastik.* Dornach 2006, S. 48f.) Vergleichbare Dokumente sind in dieser Weise weder von Marie Steiner-von Sivers noch von Ita Wegman bekannt geworden und lagen sehr wahrscheinlich auch nicht vor. Ein eindrucksvoller Michaels-Text, der eine Ahnung ihres innerem Leben vermittelt und offensichtlich von eigenen geistigen Erfahrungen durchsetzt ist, fand sich jedoch in Ita Wegmans Notizbüchern. In Vorbereitung einer Silvesteransprache in der Casa Andrea Cristoforo (Ascona, Tessin) zum 31.12.1941, vierzehn Monate vor ihrem Tod, hieß es: «Wieder ist ein Jahr vorbei geeilt unheimlich mit raschen Schritten und plötzlich stehen wir am Ende des Jahres. Viel Schönes hat dieses Jahr uns nicht gebracht. Sorgen und Leid sehen wir überall um uns herum und manche Seele möchte verzweifeln an das Finstere [dem Finsteren], das an ihn [sie] heran kommt. Und doch, ein kleiner heller Strahl, der oft noch sehr schwach wirkt, der aber werden kann zum Licht ist in jeder Seele darinnen. Das müssen wir finden, mit dem uns verbinden, dann das Bild uns vorzaubern der Jüngerschar, die mit Christus auf den Berg gezogen sind und von ihm belehrt wurden wie den Seelenpfad zu begehen. Wir gehören dazu, weil wir auch Bettler um den Geist sind, der eine mehr der andere weniger, wir wollen geduldig das Schicksal tragen, das uns auferlegt ist und das damit verbundene Leid tragen, wir wollen Zorn und Furcht überwinden und gelassen d.h. sanftmütig an die Arbeit auf der Erde herangehen, damit die Erde umgewandelt wird und sie nicht der Wildheit der Natur überlassen oder dem Raubbau der Überkultur. Wie aus dem Zorn der Seele Sanftmut entstehen muss, so muss die Erde mit in die Metamorphose gehen und wie die Seele erlöst werden, weil man nicht zum Himmelreich steigen kann ohne die Früchte der Erde mit zu nehmen. – Da wandelt sich das Bild. Der Erzengel Michael steht da anstatt der Christus Jesus; um ihn herum Seelen, viele viele Seelen. Er hat sie gesammelt als seine Zeit wieder gekommen war, nach der rhythmischen Rückkehr seiner Regentschaft über die Volksgeister als Zeitgeist und als Führer der ganzen Menschheit. Alle die nach dem Geiste suchenden Seelen, Seelen der verstorbenen Men-

schen, die noch in der geistigen Welt verweilen, Seelen, die bereit waren herunterzusteigen um von den phys. Leibern, die auf Erden durch den Vererbungsstrom vorbereitet worden sind Besitz zu ergreifen und viele Engel- und Erzengelwesenheiten, die mit der Entwicklung der Menschheit und der Erde zusammenhängen – er sammelte sie alle um sich herum und lehrte, dass eine Zeit auf Erden angebrochen sei, dass die alte Welt verschwinden wird und der Christusgeist ungebrochen der Menschheit entgegenstrahlen wird. Dafür sollte die Menschheit die Hüllen ihm verschaffen, damit er Einzug nehmen konnte in ihnen selbst. – Da staunten und verwunderten sich die Seelen der Menschen und sie fühlten dass die Kräfte des Staunens und Verwunderns in ihre Seelen eingeprägt wurden und dass diese eine Anziehungskraft bedeuteten für den Christusimpuls, der wieder heranzieht den Christusgeist. Und noch von etwas [anderem] wurden sie bewusst: von der Erweckung eines Engelbewusstseins im Astralleibe des auferstanden[en] Jesus von Nazareth in dem der Christusgeist immer gewirkt hatte, bis der Materialismus der Menschen auf Erden lähmte dieses Bewusstsein. – Um so mehr die Seelen erstaunten, um so besser gelang die Erweckung. Dann belehrte Michael die Seelen, welche Folgen der Materialismus auf Erden in übersinnlichen Welten hatte. [Der] Materialismus sondert die Seelen von einander ab, bringt sie nicht zusammen, der Egoismus trennt die Seelen. Dadurch wird die Wirkung des Christusgeist[es] abgeschwächt und getrübt. – Ein intensives Mitfühlen ergriff jetzt die Seelen; ein miteinander Leid empfinden, ein miteinander Freude haben fand Platz, ein miteinander Freude haben fand Platz. Es wurden Brücken geschlagen von Seele zu Seele in Liebe und Einigkeit. Das leuchtete herunter in die ätherische Welt des Christusgeistes und brachte neues Leben. – Liebe und Mitleid müssen immer da sein, damit der Christus leben kann. Liebe ist nicht zu verwechseln mit der Sexualität, die Erotik hat mit Liebe nichts zu tun, hier ist die höhere Liebe gemeint. – Es belehrte der Michael dann weiter dass der Christusgeist in seinen Hüllen d.h. in den Hüllen des Auferstandenen nicht hat wirken können, weil aus den Seelen der Menschen nicht gestrahlt hat die Moralität, die Güte. Die Herzen waren nicht rein, sodass sie nicht schauen konnten den Gott, aber der Gott auch nicht leuchten konnte in den Herzen der Menschen. Es entstand in den Seelen, die um Michael waren, ein großes Gefühl der Verantwortung, die tief eingeprägt wurde und sich nach außen als *Gewissen* äußerte. – In Gewissensäußerungen durch Moralität, Verantwortung und Güte hervorgerufen, lebt der Christusgeist in seiner 3. Hülle in dem auferstandenen Formleib des Jesus von Nazareth. Genau so, wie der Christusgeist in dem Menschen Jesus von Nazareth gewirkt hat, schaubar allen Menschen, so wirkte der Christusgeist in dem auferstandenen Leib, nur schaubar einem kleinen Kreis von Menschen. Er verschwand dem phys. Auge des nicht Initiierten. – Mit der Erde war er nach dem Mysterium v.[on] G.[olgatha] immer verbunden, wird immer mit ihr verbunden bleiben, so wie auch mit dem Menschen. – Die materialistische Gesinnung des Menschen wirkte aber trübend auf den [die] Hüllen des Christus, so dass man von einer 2. Kreuzigung des Christus sprechen kann in der übersinnlichen Welt. Michael wirkt der entgegen. Die Belehrung auf dem Berg durch den Christus Jesus, die Belehrung an die Jünger, wie [sie] sich zu verhalten [haben], um das Himmelreich in sich selbst zu erleben, steht der Belehrung Michaels in der übersinnlichen Welt gegenüber; sie gehören zusammen, die Entfaltung der gleichen Seeleneigenschaften wird gefordert – das erste Mal um das Himmelreich auf Erden in dem Selbst der Menschen zu erleben, das andere Mal um es nicht zu verlieren. Dazwischen steht die Welle des Materialismus, die alle Spiritualität eine Weile verdrängt hat. – Aufgerufen hat Michael die Empfindungsseele, die Verstandes[- und] Gemütsseele der Menschen. – Der Christus sagt, dass der Durst nach Gerechtigkeit im Geiste die Sättigung findet (das ist eine Eigenschaft in der Empfindungsseele). Jede Sättigung, die im Geiste sich vollzieht, ruft Staunen und Verwunderung hervor; es ist die Umwandlung von Niedrigem zum Höheren, wodurch die Läuterung entsteht; ein tiefes Frommsein entsteht in der Seele. Dahin mahnt auch der Michael, damit die Hülle des Astralleibes die Verjüngungskräfte bekommt. Christus ruft das Mitleid und die Liebe auf, weil die höchste Liebe und das Mitfühlen die höchste Einigkeit hervorruft und die Trennung bannt (Barmherzigkeit und Liebe zwischen Ichmensch und Ichmensch). Das sind die Kräfte der Verstandes- und Gemütsseele. – Michael ruft die gleichen Kräfte auf, damit die Hülle des Ätherleibes die Belebungskräfte zum Buddhi empfängt, die es durch die Welle des Materialismus verloren hat. Die reinen Herzens sind, werden vom Christus aufgerufen, sie werden Gott schauen. – Um rein zu sein, muss man wollen, eben auch wenn man gut und moralisch sein will. Das sind Kräfte, die in der Bewusstseinsseele leben. – Michael ruft die gleichen Kräfte auf, um die Hülle des phys.[ischen] Leibes aus der Verdichtung heraus zu bringen und zum Atma zu führen. – Michael belehrt, dass jeder Geistessame, der zur rechten Zeit gesät, den Rhythmus von 33 Jahren in sich trägt, um in Erfüllung zu kommen. Seine Belehrungen werden auf der Erde fortgesetzt. Die Geisteswissenschaft R.[udolf] Steiners erscheint. 33 J.[ahre] nach der Tätigkeit des Michaels wird von R.[udolf] St.[einer] im Januar 1910 (5. Januar Stockholm) zum ersten Mal ausgesprochen, dass eine neue Zeit, eine wichtige Zeit anbrechen wird, in der verschiedene Menschen zum Ätherschauen kommen werden und sie dann schauen werden die Christuswesenheit in ätherisischer Gestalt. Das Erlebnis, das Paulus gehabt hat, wird sich erneuern. Man wird nicht nur den Christusimpuls in sich erleben, sondern man wird den Christus in ätherischer Gestalt neben sich erscheinen sehen, eingreifend in den [die] Geschicke des Menschen, ratgebend, wo Rat nötig ist, heilend, wo Krankheiten vorliegen. – Die Erfüllung soll 33 J.[ahre] später sein, wenn die Menschheit soviel Kraft entfalten kann, dass die Hüllen für den Empfang des Christusgeist[es] bereit stehen. Das würde in 1942 sein bis 1950. Der geistige Fortschritt fängt am Ende des Kali-Yuga in 1899 an und für den Anfang des Ätherschauens [ist] 1933 angegeben. Sodass von 1933 bis 1950 wichtige geistige Ereignisse zu erwarten sind. Es nimmt sich dann nicht Wunder, dass die Welt in Wehen liegt, und alle Dämonen zusammen mit dem Widersacher sich zur Wehr setzen, um zu verhindern, dass die Menschen in Ruhe an ihre Entwickelung herangehen. Das Ereignis soll vorübergehen, ohne dass die Menschen viel davon merken.» (Ita Wegman Archiv, Arlesheim. Vgl. a. Peter Selg: *Die letzten drei Jahre. Ita Wegman in Ascona.* 1940–1943. Dornach [2] 2006, S. 104ff. (mit Faksimileabbildung zweier Notizbuchseiten).

166 Zu dem von Ita Wegman selbst gebrauchten Begriff ihres «Wesens» vgl. Peter Selg: *«Ich bin für Fortschreiten». Ita Wegman und die medizinische Sektion*, v.a. S. 85ff.

167 Vgl. zu Wegmans Möglichkeit und Größe, ihren geistigen Auftrag auch in den 30er Jahren des militanten Faschismus ungebrochen und mit unübersehbarem «Mut des Heilens» fortzuführen, meine Studie *Geistiger Widerstand und Überwindung. Ita Wegman* 1933–1935. Dornach 2005. – Es sollte in einem geschichtlichen Bild Ita Wegmans und der von Rudolf Steiner so zentral positionierten Medizinischen Sektion der Dornacher Hochschule nicht völlig übersehen werden, welche Rolle die Medizin – im Sinne eines negativen Schattenwurfs – in Adolf Hitlers dämonischem «Dritten Reich» spielte («In keiner menschlichen Praxis spielt die Theorie eine so entscheidende Rolle für das Handeln, wie in der Medizin.» Max Pettenkofer). Kontrastiert man Ita Wegman und die geis-

tigen Zielsetzung der anthroposophischen Heilkunst («alle Erziehung, alle Kultureinflüsse müssen darauf hinwirken, gesund zu machen. Das ist gewissermaßen die erste, wahre Impulsivität des Christus-Impulses: die Heilung. Der Heiland, der Heilende zu sein, dazu ist er ganz besonders berufen im fünften nachatlantischen Zeitraume». 182, 122) mit der antichristlichen «Medizin» des Nationalsozialismus (bzw. dem Nationalssozialismus selbst) – und sieht sie nicht lediglich im Dornacher Binnendiskurs –, so klären sich die geistigen Konstellationen und Aufgabenstellungen, die Rudolf Steiner im Auge hatte (Bekanntlich waren die Ärzte eine tragende Berufsgruppe in Hitlers Staatswesen. Sie erfuhren eine außerordentliche Aufwertung ihres Berufstandes und Ansehen, waren – neben den Juristen – die meistrepräsentierste Berufsgruppe in der SS (mit schwarzen Uniformen statt weißer Berufskleidung) und stellten eine Großzahl der deutschen Universitätsrektoren. Als «Hüter am Erbstrom der Deutschen» bzw. «Erbärzte im völkischen Sinne» führten die Mediziner Gebrechlichkeitszählungen durch, legten «Karteien der Minderwertigen» (sowie «Leistungskarteien» und «Gesundheitsstammbücher») an und verwirklichten den von Hitler propagierten Sozialdarwinismus auf ihrem Feld. Nach geschichtlichen Schätzungen wurden nicht nur über 400.000 Menschen im Nationalsozialismus aufgrund ihrer «Behinderung» zwangssterilisiert, sondern ca. 260.000 Menschen aufgrund somatischer Krankheiten und Beeinträchtigungen ermordert – «wenn einem die Stärke fehlt, für die eigene Gesundheit zu kämpfen, verliert man das Recht, in dieser Welt des Kampfes zu leben.» (A. Hitler). Ärzte führten die tödlichen Selektionen in den Konzentrationslagern durch, entgegen Hufelands warnenden Worten aus der Zeit des deutschen Idealismus: «Der Arzt soll und darf nichts anderes tun als Leben erhalten, ob es ein Glück oder Unglück sei, ob es Wert habe oder nicht, dieses geht ihn nichts an, und maßt er sich einmal an, diese Rücksicht in sein Geschäft mit aufzunehmen, so sind die Folgen unabsehbar, und der Arzt wird der gefährlichste Mensch im Staat.» (1806; «Die Verhältnisse des Arztes». In: *Hufelands Journal* 23, S. 15f.).

168 Zu den geschichtlichen Umständen und zur Zielsetzung dieser Initiative (und Stiftung) vgl. Peter Selg: *Die Briefkorrespondenz der «jungen Mediziner». Eine dokumentarische Studie zur Rezeption von Rudolf Steiners «Jungmediziner»-Kursen.* Dornach 2005, S. 145ff.

169 Der intendierte «Kern» der medizinischen Sektion – als einer esoterische Gemeinschaft von Ärzten, die eine *medizinische Mysterienschulung* unter

Rudolf Steiner durchlaufen hatten – wurde daher nie Realität (da lediglich ein Aufnahmeritual, aber keine Schulung durch Rudolf Steiner mehr möglich war). Im Bewusstsein, dass eine Weiterführung des ursprünglichen Vorhabens mit Wahrung seiner geistigen (Mysterien-)Zielsetzung ohne Rudolf Steiner in keiner Weise leistbar war (da, so Wegman, die «Reife» für ein «solch tief esoterisches Vorgehen» realiter fehlte), löste Ita Wegman einige Jahre nach Rudolf Steiners Tod den anfänglich gebildeten Zusammenhang faktisch auf. (Nach dem Zweiten Weltkrieg bildete sich aus der ehemaligen «Kern»-Gruppe heraus dann jedoch eine neue Initiative, die Anschluss an die spirituellen Hochschulaufgaben der medizinischen Sektion suchte und unter dem Titel «Raphael-Kreis» bis heute besteht – sehr wahrscheinlich im Sinne Ita Wegmans, die ihre Ausführungen über die Entstehungsgeschichte des «Esoterischen Kernes» der medizinischen Sektion mit den Worten beschloss: «[…] Wir haben die Sehnsucht nach einer Mysterienmedizin. Wir können dasjenige, was angefangen war, nicht so ohne weiteres fortsetzen. Wir müssen versuchen, uns wieder vorzubereiten, ein Geisterinnern in uns zu erwecken von dem, was in alten Mysterien einmal war. Was in meiner Macht steht daran mitzuhelfen, das will ich tun.» Notizbuch 1934. Ita Wegman Archiv, Arlesheim. Vgl. a. Emanuel Zeylmans van Emmichoven: *Wer war Ita Wegman. Eine Dokumentation.* Band 2, S. 217).

170 Ita Wegman: *An die Freunde*, S. 7. – Vgl. in diesem Zusammenhang auch die Darstellungen Armin Husemanns, denen zufolge Rudolf Steiners Vortragsausführungen vom 7. Oktober 1923 über ein in Zukunft zu schaffendes und aufzuführendes medizinisches Oster-Mysterienspiel vor der plastischen Gruppe («Raphael mit dem Merkurstab»; GA 223) nicht nur die szenische Darstellung eines fünften Mysteriendramas über die Merkur-Mysterien, sondern auch die faktische Zusammenarbeit Ita Wegmans mit Marie Steiner bedeuten sollte («[…] Die Mysterien Ita Wegmans sollen die künstlerische Aufgabe Marie Steiners werden! Sie hätte dieses Drama mit den Darstellern einüben sollen.» Armin Husemann: «Marie Steiner, Ita Wegman und die Goetheanumbauten Rudolf Steiners», in: *Das Goetheanum*, Nr. 5 1997, S. 37).

171 Ita Wegman: «Das Krankenlager, die letzten Tage und Stunden Dr. Steiners». Wiederabdruck in: *An die Freunde*, S. 3–10.

172 Ita Wegman Archiv, Arlesheim. – Vgl. a. Emanuel Zeylmans van Emmichoven: *Wer war Ita Wegman. Eine Dokumentation.* Band 3, S. 59.

173 Vgl. die unveröffentlichten Tagebuchaufzeichnungen Albert Steffens

über ein Gespräch mit Ita Wegman vom 31.3.1925. Albert Steffen Stiftung, Dornach.

174 Zur christologischen Dimension des «Geistes des Goetheanum, für den wir wirken, streben, arbeiten wollen in der Welt» (Rudolf Steiner; 260, 287) vgl. Peter Selg: *Vom Umgang mit Rudolf Steiners Werk. Ursprung, Krise und Zukunft des Dornacher Goetheanums.* Dornach 2007, S. 62f.

175 Zum Weihnachtsfest 1924 – seinem letzten auf Erden – übergab Rudolf Steiner Ita Wegman den Spruch: «In des Weltalls Sternenschrift / Ist zu lesen, was uns bindet / In der Sternenschrift / Die sich offenbaret / In des Herzens Tiefen. // In der Seele Liebeschrift / lebt das teure Herzensopfer / Das du mir täglich bringst / Liebeschrift wird werden / Sternenschrift in Weltalls Höhen. // In der Weihnachtszeit / Fühlt die Seele tief / Was im Innern lebt; / Liebe-Sterne-Dankesschrift / Reich ich dir inniglich.» *(Für Mysa / zu Weihnacht 1924.)* Ita Wegman Archiv, Arlesheim. – Faksimile-Wiedergabe des Spruches in: Peter Selg: *«Ich bin für Fortschreiten». Ita Wegman und die Medizinische Sektion,* S. 57.

176 Ita Wegman Archiv, Arlesheim. Vgl. a. Margarete und Erich Kirchner-Bockholt: *Die Menschheitsaufgabe Rudolf Steiners und Ita Wegman*, S. 94f. (Transkription und Faksimile).

177 Ebd.

178 Ita Wegman Archiv, Arlesheim.

179 Vgl. hierzu: Peter Selg: *Ita Wegman und Arlesheim,* Dornach 2006.

180 Auch Ita Wegmans vielumstrittene Initiative, nach Rudolf Steiners Tod seine «Leitsatz»-Tätigkeit für den Vorstand am Goetheanum weiterzuführen (vgl. Emanuel Zeylmans: *Wer war Ita Wegman. Eine Dokumentation. Band 3. Kämpfe und Konflikte 1924 bis 1943*, S. 70ff.), ist vor diesem prinzipiellen Hintergrund zu sehen (vgl. diesbezüglich auch: Peter Selg: *Vom Umgang mit Rudolf Steiners Werk. Ursprung, Krise und Zukunft des Dornacher Goetheanums.* Dornach 2007, S. 112f.). Im Rahmen einer Gesamtbeurteilung dieses – problematischen – Vorgangs (vgl. Johannes Kiersch: *Zur Entwicklung der Freien Hochschule für Geisteswissenschaft. Die Erste Klasse,* S. 67ff.) sollte jedoch u.a. Berücksichtigung finden, dass Rudolf Steiner Ita Wegman als «Schriftführerin» (d.i. verantwortliche Korrespondentin) des Vorstands eingesetzt und ihr einen mantrischen Spruch mit dem Wortlaut übergeben hatte: «Der Seele Früchte / Sie reifen mir / Wenn Erdgesichte / Im Geiste dir / Ich senden kann // Mir scheinet dann / Vergangnes Sein / Im Feuer sich / Beglückend / In Form zu prägen / Die mich im Geisterhaus / Umkleidet // *So nimm die Seelen-*

hand / Es reicht sie dir / Mein Ich, das dein. / Und wirke, was mir lieb. // Es wird gewirket sein / Wie wenn mein eigen Selbst /Die Feder hätt geführt.» (Ita Wegman Archiv, Arlesheim; Hervorhebung v.V. Vgl. a. die Faksimile-Abbildung dieses Spruches in Peter Selg: *«Ich bin für Fortschreiten». Ita Wegman und die medizinische Sektion*, S. 61.). Über die Problematik von Ita Wegmans «Leitsatz»-Aktivitäten in der damaligen Zeit – bzw. über das gesamte Tempo von Wegmans Vorgehen nach dem 30.3.1925 – schrieb Madeleine van Deventer in der abwägenden Nebenbemerkung eines unveröffentlichten Manuskriptes über Ita Wegman und Marie Steiner (vgl. Anm. 153): «Ita Wegman – gemäß ihrem Temperament – stürmte vorwärts, um das zu verwirklichen, wovon sie wusste, dass es Rudolf Steiner am Herzen lag. Marie Steiner wollte ein anderes Tempo und konnte sich wohl auch auf manche skeptische Äußerung Rudolf Steiners stützen.» (Madeleine van Deventer Archiv, Arlesheim).

181 Brief Ita Wegmans an Fried Geuter, 26.5.1932. Ita Wegman Archiv, Arlesheim. – Die Unterstreichung und damit Akzentuierung stammt von Ita Wegman selbst – entgegen anderslautenden Unterstellungen war sich Wegman zeitlebens der Tatsache bewusst, dass ihre Aufgabe an der Seite Rudolf Steiner nur *einen* Aspekt seines umfassenden Wirkens und seiner schicksalhaften (und in sich außerordentlich differenzierten) Beziehungsgestalten bedeutete (vgl. Peter Selg: *Geistiger Widerstand und Überwindung. Ita Wegman* 1933–1935. Dornach 2005, S. 70ff./S. 94ff.).

182 Brief Ita Wegmans an George Adams Kaufmann, 19.6.1935. Vgl. Peter Selg: *Geistiger Widerstand und Überwindung. Ita Wegman* 1933–1935, S. 261. – Vier Monate zuvor, am Tag ihres 59. Geburtstages (22.2.1935), hatte Ita Wegman in einem grundlegenden Brief an Maria Röschl Stellung zu ihrer Beziehung zur Anthroposophischen Gesellschaft und Hochschule – in veränderter Zeitlage – bezogen, und über die «Michaelschule» unter anderem geschrieben: «Von dieser Schule habe ich durch Rudolf Steiner manches gehört, auch meine und seine Beziehungen zu ihr.» (Zit. n. Peter Selg: *Geistiger Widerstand und Überwindung. Ita Wegman* 1933–1935, S. 200; vgl. a.: «Rudolf Steiner richtete […], wie Sie wissen, die Michaelschule ein, die sogenannte 1. Klasse, die später in drei Klassen erweitert werden sollte. *Mit dieser Michaelschule hat er mich sehr stark verbunden.»* Brief Ita Wegmans an Klara Župic-Dajceva, 1.2.1935; zit. n. Peter Selg: *Geistiger Widerstand und Überwindung. Ita Wegman* 1933–1935, S. 166; Hervorhebung v.V.). Kurze Zeit davor hatte Ita Wegman gegenüber Alice Wengraf formuliert: «Ich habe ein starkes Bedürfnis, mich von

allen Streitigkeiten fernzuhalten, *und nur das zu tun, was mit Michael in Verbindung steht und was die Impulse der Weihnachtstagung gewesen sind.»* (31.1.1935; zit. n. Peter Selg: *Geistiger Widerstand und Überwindung. Ita Wegman 1933–1935*, S. 165; Hervorhebung v.V.). – Wie wenig Ita Wegmans Beziehung zur «Michaelschule», zur Weihnachtstagung und letztlich zu Rudolf Steiner nach dessen Tod in Dornach gesehen wurde, deutete Johannes Kiersch im Hinblick auf Marie Steiner (der eine – auch hierfür – entscheidende Rolle zukam) mit den Worten an: «Wie weit [...] reichte ihr ‹Verständnis› für die neue Situation? Sicher nicht zum Erfassen der außerordentlichen Bedeutung, die Rudolf Steiner seiner Zusammenarbeit mit Ita Wegman für die Weiterentwicklung seiner spirituellen Forschungsmöglichkeiten und deren soziale Auswirkungen beimaß; sicher auch nicht bis zu einer angemessenen Würdigung der karmischen Vorbedingungen dafür oder der von Rudolf Steiner intendierten partnerschaftlichen Leitungsfunktionen in Sektion und Hochschule. Das Äußerste, wozu Marie Steinere sich durchringen konnte, war eine Anerkennung von Rechten Ita Wegmans im Sinne einer Reviertrennung. Aber damit war kein sicherer Grund für die Zukunft gelegt. Auch war für die weitaus meisten Mitglieder der Anthroposophischen Gesellschaft und der Hochschule wohl kaum deutlich geworden, worum es eigentlich ging. Nur wenige hatten begriffen, als Rudolf Steiner starb, dass Ita Wegman von ihm als ‹Hüterin der Mantrams› mit bedeutenden Zukunftsaufgaben betraut worden war.» (Johannes Kiersch: *Zur Entwicklung der Freien Hochschule für Geisteswissenschaft. Die Erste Klasse,* S. 60f.).

183 Zu den realen Schwierigkeiten, auf die Ita Wegmans Vorsatz, Verantwortung für die Erste Klasse zu übernehmen, nach dem Tode Rudolf Steiners stieß («Für diese Michaelschule habe ich innerlich eine Verpflichtung und nach dieser Verpflichtung will ich meine Handlungen auch richten und die Verantwortung tragen.»), zu dem entsprechenden Komplikationen, Missverständnissen, Unklarheiten, Unterstellungen, Irrungen und Wirrungen verschiedener Parteien vgl. Emanuel Zeylmans: *Wer war Ita Wegman. Eine Dokumentation. Band 3. Kämpfe und Konflikte* 1924 *bis* 1943, S. 56ff. und Johannes Kiersch: *Zur Entwicklung der Freien Hochschule für Geisteswissenschaft. Die Erste Klasse,* S. 63ff.

184 Der nachfolgend zum Abdruck kommende Aufsatz Ita Wegmans erschien erstmals am 17.5.1925 im Nachrichtenblatt der Wochenschrift *Das Goetheanum* mit der Überschrift «An die Mitglieder!». Er stand in der Kontinuität von Rudolf Steiners «Leitsatz»-Artikeln (vgl. Anm.

180) und wurde von Wegman am Ende ebenfalls zu drei «Leitsätzen» zusammengezogen («1. Michael ist durch sein Wirken eng mit dem Menschen verbunden, versucht, nachdem er die kosmische Intelligenz dem Menschen gegeben hat, den Zusammenhang mit dieser Intelligenz zu behalten. – 2. Michael wird Hüter der Anthroposophie, weil er in der Anthroposophie diejenigen Menschen zu finden hofft, die ihm *dienen*, und weil er mit diesem Dienen die Anthroposophie behüten will, bis der große Lehrer wieder kommt. – 3. Alles anthroposophische Geistwissen muss strahlenförmig um die Michael-Strömung gruppiert und durch das Bewusstsein, mit ihr verbunden zu sein, vertieft werden.») – Eine erneute Publikation des Aufsatzes von Ita Wegman erfolgte 1960 in der Sammlung Ita Wegman: *An die Freunde. Aufsätze und Berichte aus den Jahren* 1925–27 (Natura-Verlag Arlesheim), die verschiedene Auflagen erfuhr (Neuherausgabe durch das Ita Wegman Archiv in Vorbereitung).

185 Ita Wegman: *An die Freunde*, S. 30.

186 Ebd., S. 28.

Bildnachweis:

Verlag am Goetheanum, Dornach: S. 17, 23, 29, 32, 55, 72; Rudolf Steiner Nachlassverwaltung, Dornach: S. 19; Verlag Freies Geistesleben, Stuttgart: S. 34 f. Die Rechte an allen anderen Abbildungen liegen beim Ita Wegman Archiv, Arlesheim.

Ita Wegman Institut
für anthroposophische Grundlagenforschung

Forschungs- und Lehrinstitut für
anthroposophische Geisteswissenschaft
Pfeffingerweg 1a, CH-4144 Arlesheim
wegmanarchiv@wegmanklinik.ch

Die Arbeiten des Ita Wegman Institutes werden
von verschiedenen Stiftungen
– in erster Linie der Software AG-Stiftung (Darmstadt) –
sowie einem internationalen Freundes-
und Förderkreis unterstützt.

Buch-Veröffentlichungen des Ita Wegman Instituts für anthroposophische Grundlagenforschung

Peter Selg

A. Studien zu Ita Wegman

1. *«Ich bin für Fortschreiten». Ita Wegman und die Medizinische Sektion.* Dornach ^{1}2002
2. *Die letzten drei Jahre. Ita Wegman in Ascona 1940–1943.* Dornach ^{1}2004
3. *Geistiger Widerstand und Überwindung. Ita Wegman 1933–1935.* Dornach 2005
4. *Sterben, Tod und geistiges Leben. Die Kondolenzbriefe Ita Wegmans und das Todesverständnis der anthroposophischen Geisteswissenschaft.* Dornach 2005
5. *Ita Wegman und Arlesheim.* Dornach 2006

B. Studien zu den geistigen Grundlagen der anthroposophischen Medizin

1. *Vom Logos menschlicher Physis. Die Entfaltung einer anthroposophischen Humanphyiologie im Werk Rudolf Steiners.* Dornach ^{1}2000
2. *Krankheit und Christus-Erkenntnis. Anthroposophische Medizin als christliche Heilkunst.* Dornach ^{1}2001
3. *Krankheit, Heilung und Schicksal des Menschen. Über Rudolf Steiners geisteswissenschaftliches Pathologie- und Therapieverständnis.* Dornach 2004.
4. (Hg.) *Rudolf Steiner. Quellentexte für die Wissenschaften. Band 3 und 4: Texte zur physiologischen Anthropologie und Medizin.* Dornach 2004.
5. *Mysterium cordis. Studien zu einer sakramentalen Physiologie des Herzorganes. Aristoteles, Thomas von Aquin, Rudolf Steiner.* Dornach 2004
6. *Die «Wärme-Meditation».* Dornach ^{1}2005
7. *Christliche Medizin.* Dornach 2005

Buch-Veröffentlichungen des Ita Wegman Instituts für anthroposophische Grundlagenforschung

Peter Selg

C. Studien zur Geschichte der anthroposophischen Medizin

1. *Anfänge anthroposophischer Heilkunst.* Dornach 2000.
2. (Hg.) *Anthroposophische Ärzte. Lebens- und Arbeitswege im 20. Jahrhundert.* Dornach 2000
3. *Gerhard Kienle. Leben und Werk.* 2 Bände. Dornach 2003
4. *Helene von Grunelius und Rudolf Steiners Kurse für die «jungen Mediziner».* Dornach 2003
5. *Die Briefkorrespondenz der «jungen Mediziner». Eine dokumentarische Studie zur Rezeption von Rudolf Steiners «Jungmedizinerkursen».* Dornach 2005
6. *«Die Medizin muss Ernst machen mit dem geistigen Leben». Rudolf Steiners Hochschulkurse für die «jungen Mediziner».* Dornach 2006.
7. *(Hg.) Ita Wegman. Medizinisch-therapeutische Korrespondenzen.* Dornach 2007
8. (Hg.) *«Und in der Tat, dies wirkte». Die Krankengeschichten des Buches «Grundlegendes zu einer Erweiterung der Heilkunst nach geisteswissenschaftlichen Erkenntnissen» von Rudolf Steiner und Ita Wegman. Eine Dokumentation.* Dornach 2007.

D. Studien zur anthroposophischen Pädagogik und Heilpädagogik

1. *(Hg.). Eugen Kolisko. Vom therapeutischen Charakter der Waldorfschule.* Dornach 2002
2. *(Hg.) Georg von Arnim. Meditative Aufzeichnungen.* Dornach 2003
3. *Der Engel über dem Lauenstein. Siegfried Pickert, Ita Wegman und die Heilpädagogik.* Dornach 2004.
4. *«Eine grandiose Metamorphose». Zur geisteswissenschaftlichen Anthropologie und Pädagogik des Jugendalters.* Dornach 2005.
5. *Der therapeutische Blick. Rudolf Steiner sieht Kinder.* Dornach 2005
6. *Willfried Immanuel Kunert. Zur Lebens- und Therapiegeschichte eines Kindes aus dem Heilpädagogischen Kurs.* Dornach 2006
7. *Ita Wegman und Karl König. Eine biographische Dokumentation.* Dornach 2007

Buch-Veröffentlichungen des Ita Wegman Instituts für anthroposophische Grundlagenforschung

Peter Selg

E. Studien zur Allgemeinen Anthroposophie und Christologie

1. (Hg.) *«Es war einer krank.» Die Heilungen in den Evangelien.* Stuttgart 2003
2. *Rudolf Steiner und das Fünfte Evangelium.* Dornach 2005.
3. *Die Kultur der Selbstlosigkeit. Rudolf Steiner, das 5. Evangelium und das Zeitalter der Extreme.* Dornach 2006.
4. *Die Arbeit des Einzelnen und der Geist der Gemeinschaft. Rudolf Steiner und das Soziale Hauptgesetz.* Dornach 2007.
5. *Vom Umgang mit dem Werk Rudolf Steiners. Ursprung, Krise und Zukunft des Dornacher Goetheanums.* Dornach 2007.
6. *Rudolf Steiner. Zur Gestalt eines geistigen Lehrers.* Dornach 2007.
7. *Die innere Situation Rudolf Steiners zur Zeit der «Philosophie der Freiheit».* Dornach 2007.

F. Studien zu Schülern und Mitarbeitern Rudolf Steiners

1. *Michael Bauer. Ein esoterischer Schüler Rudolf Steiners.* Dornach 2006
2. *Marie Steiner-von Sivers. Aufbau und Zukunft des Werkes von Rudolf Steiners.* Dornach 2006
3. *Edith Maryon, Rudolf Steiner und die Dornacher Christus-Plastik.* Dornach 2006
4. *Karl König und die Anthroposophie.* Dornach 2006

G. Weitere biographische Arbeiten

1. *Friedrich Schiller. Die Geistigkeit des Willens.* Dornach 2005
2. *Der geistige Weg von Hans und Sophie Scholl.* Dornach [1]2006
3. *Rainer Maria Rilke und Franz Kafka. Lebensweg und Krankheitsschicksal im 20. Jahrhundert.* Dornach 2007

H. Übersetzungen von Büchern des Ita Wegman Instituts in andere Sprachen

1. *Seeing Christ in Sickness and Healing.* Edinburgh 2005
2. *Eu Sou Por Progedir.* Sao Paulo 2005
3. *Gli ultimi tre anni. Ita Wegman ad Ascona 1940–1943.* Torino 2007